BIBLIOTHÈQUE
DE PHILOSOPHIE CONTEMPORAINE

LA

PHILOSOPHIE CONTEMPORAINE

EN ITALIE

ESSAI DE PHILOSOPHIE HÉGÉLIENNE

PAR

RAPHAEL MARIANO

PARIS

GERMER BAILLIÈRE, LIBRAIRE-ÉDITEUR

Rue de l'École-de-Médecine, 17.

Londres   New-York

Hipp. Baillère, 219, Regent street.   Baillère athers, 440, Broadway.

MADRID, C. BAILLY-BAILLIÈRE, PLAZA DEL PRINCIPE ALFONSO, 16.

1868

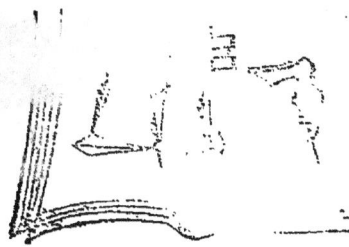

LA

PHILOSOPHIE CONTEMPORAINE

EN ITALIE

OUVRAGES DU MÊME AUTEUR.

LA PENA DI MORTE, considerazioni in appoggio all'opusculo del prof. Vera. Napoli, 1864.

LASSALLE E IL SUO ERACLITO, saggio di filosofia egheliana. Firenze, success. Le Monnier, 1865.

IL RISORGIMENTO ITALIANO, secondo i principii della filosofia della storia. Firenze, stabilimento Civelli, 1866.

SOUS PRESSE :

INTRODUZIONE ALLA FILOSOFIA DELLA STORIA DI HEGEL, secondo le lezioni del Vera.

Paris. — Imprimerie de E. MARTINET, rue Mignon, 2.

LA
PHILOSOPHIE CONTEMPORAINE
EN ITALIE

ESSAI DE PHILOSOPHIE HÉGÉLIENNE

PAR

RAPHAEL MARIANO

PARIS

GERMER BAILLIÈRE, LIBRAIRE-ÉDITEUR

Rue de l'École-de-Médecine, 17.

Londres	New-York
Bipp. Baillière, 219, Regent street.	Baillière brothers, 440, Broadway.

MADRID, C. BAILLY-BAILLIÈRE, PLAZA DEL PRINCIPE ALFONSO, 16.

1868

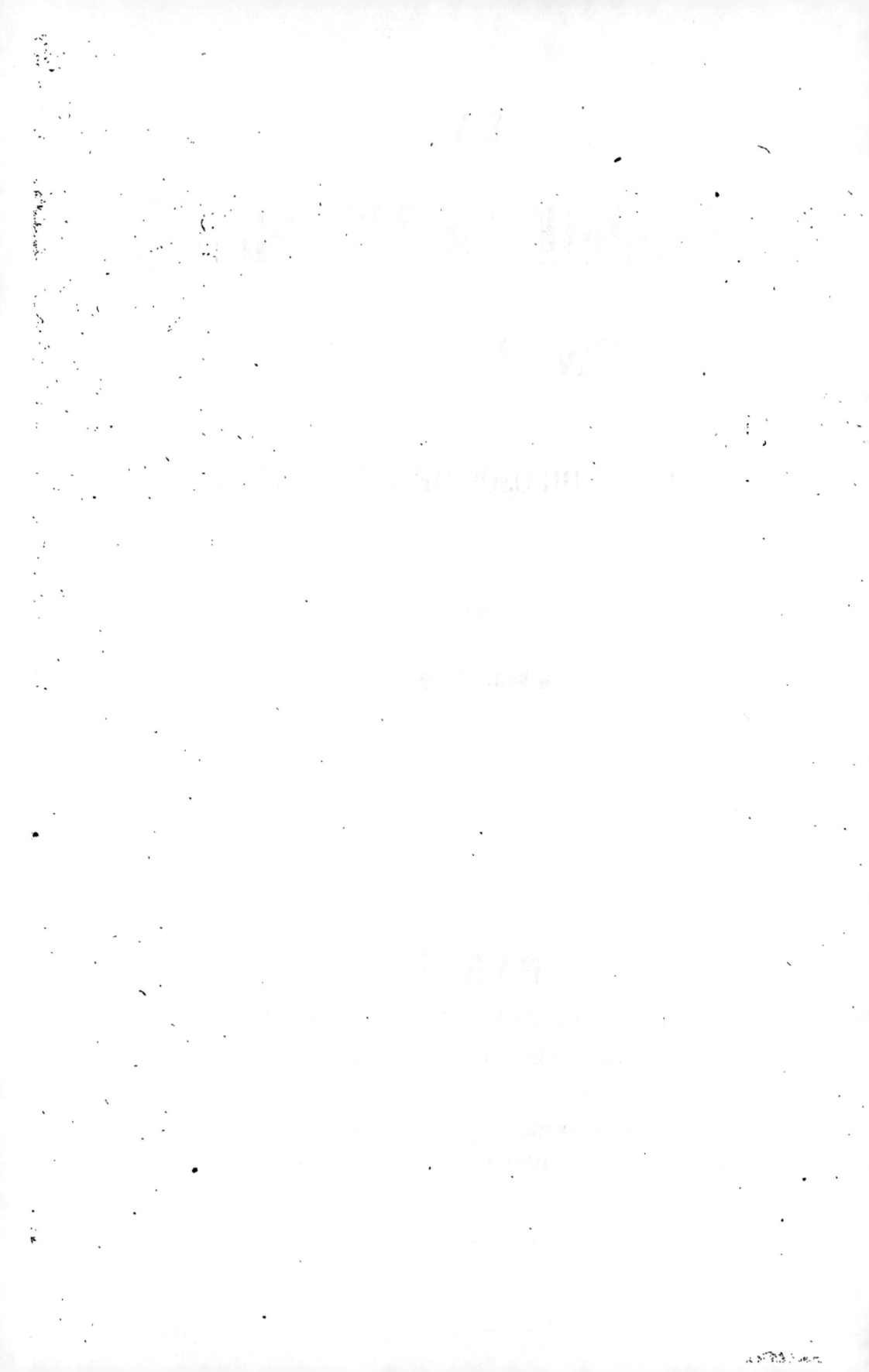

A

CHARLES ROSENKRANZ

A L'UN DES PLUS ILLUSTRES VÉTÉRANS

DE L'HÉGÉLIANISME ;

A CELUI QUI, PAR DE NOMBREUX TRAVAUX

ET UN LONG ENSEIGNEMENT,

A PUISSAMMENT CONTRIBUÉ A SA DIFFUSION,

CE LIVRE DESTINÉ AUSSI A PROPAGER LA PENSÉE DU MAÎTRE

EN TÉMOIGNAGE DE PROFOND RESPECT

OFFRE

RAPHAEL MARIANO.

TABLE DES MATIÈRES

CHAPITRE IV.

PHILOSOPHIE DE GIOBERTI.

CHAPITRE V.

PHILOSOPHIE DE FRANCHI.

CHAPITRE VI.

CONCLUSION.

FIN DE LA TABLE DES MATIÈRES.

LA
PHILOSOPHIE CONTEMPORAINE
EN ITALIE

CHAPITRE PREMIER

INTRODUCTION.

Quelque singulière que puisse paraître notre opinion, et bien que nous éprouvions de la répugnance à l'émettre, nous croyons cependant ne pas nous tromper lorsque nous disons que, depuis Giordano Bruno, l'Italie s'est trouvée en dehors du mouvement de l'histoire, et qu'elle a cessé d'exister historiquement non-seulement sous le rapport politique, mais sous le rapport intellectuel. Giordano Bruno est une figure historique en ce qu'il est le représentant d'une transformation de l'histoire, et d'une phase nouvelle de la pensée universelle. Car il apparaît dans un de ces moments où l'esprit humain s'apprête à briser les vieilles formes où il est emprisonné, pour se mouvoir plus librement et pour pénétrer plus profondément dans la connaissance de lui-même et des choses en général. Bruno est ainsi le précurseur d'une nouvelle aurore de

la pensée. C'est une comète, comme l'appelle Hégel.
C'est un astre, en effet, aux mouvements excentriques,
si nous pouvons ainsi nous exprimer, qui apparaît sur
la limite d'un monde vieilli et épuisé, et qui annonce
une ère nouvelle plus riche et plus féconde. Et c'est là
aussi ce qui lui donne une signification et une valeur
historiques. Après Bruno nous rencontrons Vico. Mais
Vico est une apparition qui n'a pas d'antécédents
et qui ne laisse pas de traditions. Ensuite ce que représente Vico, c'est le point de vue historique de la
pensée. Il suppose, par conséquent, une nouvelle
métaphysique. Or, non-seulement il n'est pas en possession de cette métaphysique, mais on dirait qu'il n'a
pas même la conscience de ce principe, que la philosophie de l'histoire doit nécessairement reposer sur
une métaphysique. Et si l'on voit parfois poindre en
lui la pensée d'une nouvelle métaphysique, cette
pensée est si obscure, si incertaine et si indéterminée
qu'on ne saurait lui accorder une valeur vraiment
scientifique. De toute façon, ce qu'il y a de vraiment
nouveau et d'original dans sa théorie est demeuré en
Italie comme un germe stérile et improductif (1). Ainsi

---

(1) Cependant, en parlant de Vico nous ne pouvons pas passer
sous silence M. Joseph Ferrari. M. Ferrari a moins porté son attention sur la philosophie que sur la philosophie de l'histoire. C'est lui
qui de nos jours a le premier ravivé en Italie la pensée de Vico en
en publiant les œuvres, bien qu'ensuite il en ait abandonné les doctrines et les traditions dans le développement de sa propre pensée.
Tout en reconnaissant chez M. Ferrari un esprit très-actif et très-
brillant et une vaste érudition, nous cherchons en vain chez lui une
doctrine déterminée qui servirait de fondement et de guide à ses
travaux historiques.

la pensée italienne ferme son cycle historique avec Bruno, et elle s'éteint, si l'on peut ainsi dire, sur son bûcher. Et, quelque pénible qu'en soit l'aveu, il faut pourtant le faire : c'est que s'il y a eu dans les temps modernes un lien qui ait rattaché l'Italie à l'histoire, ce lien est surtout la papauté. C'est peut-être là, pour le dire en passant, la raison pour laquelle les philosophes italiens n'ont pas su se détacher de la papauté ; car ces philosophes ne sont pas des philosophes chrétiens, mais catholiques et papistes. Ainsi, enlevez la papauté à l'Italie, et l'Italie n'eût été qu'un véritable *caput mortuum* pour l'histoire.

Il est à peine besoin de rappeler que pour exister historiquement, il ne suffit pas qu'un peuple existe matériellement, mais il faut qu'il existe moralement et intellectuellement, c'est-à-dire qu'il représente une idée, et qu'il soit en possession d'une pensée qui fait sa vie intime et qui se réfléchit, si l'on peut ainsi dire, sur la vie des autres peuples comme une conquête nécessaire de l'esprit et un patrimoine commun de l'humanité. La dialectique et l'idée pénètrent dans l'histoire comme en toutes choses ; c'est ce qui fait qu'il y a des peuples initiateurs et historiques et des peuples qui n'ont pas d'initiative et qui se meuvent en quelque sorte hors de l'histoire (1). Si l'Italie a cessé d'être

---

(1) On comprendra que nous ne puissions expliquer toujours complétement notre pensée, et que c'est le lecteur qui doit la compléter. Il y a des points qui ne peuvent être traités que d'une façon extrinsèque, et qu'il n'est pas cependant possible de bien entendre qu'en les traitant d'une façon systématique, ce qui n'est possible qu'en déduisant et en embrassant le système entier de la connaissance. Ainsi,

une nation historique, c'est précisément que sa pensée
a été frappée d'immobilité. Où il n'y a pas de mouvement, il ne peut y avoir d'histoire; et où il n'y a point
de pensée, il ne peut y avoir de mouvement : ce qui
veut dire que le véritable moteur de l'histoire est la
pensée. Que l'oppression et l'intolérance cléricales
aient enchaîné et étouffé la pensée italienne, nous voulons bien l'accorder; mais cela indique simplement la
raison du fait; ce dont il ne s'agit pas ici; car, quelle
que soit cette raison, le fait n'en a pas moins existé.
Ainsi, il faut franchir en quelque sorte d'un bond l'espace qui nous sépare de la Renaissance, et arriver jusqu'à nos jours pour rencontrer en Italie un certain
réveil de la pensée philosophique. Quelle est l'importance du mouvement qui a suivi ce réveil? Quelle
est la valeur des théories qu'il a engendrées? Et quel
prix devons-nous y attacher? C'est l'examen de ces
questions qui fait précisément l'objet de ce travail.
Nous croyons cependant opportun et même nécessaire
de faire précéder cet examen de quelques considérations générales.

que la dialectique pénètre dans l'histoire et que c'est elle qui fait
qu'il y a des nations historiques et des nations non historiques,
c'est un point qui est démontré d'une façon générale par la Philosophie de Hégel, et d'une façon particulière par sa Philosophie de
l'histoire. On trouvera aussi sur ce sujet des considérations dans
l'*Introduction à la philosophie de l'histoire* de M. Véra (voyez *Essais
de philosophie hégélienne*, Germer Baillière, 1864), considérations
que M. Véra a plus complétement développées dans le cours de philosophie de l'histoire qu'il a donné pendant plusieurs années à l'Université de Naples, que nous avons suivi et que nous comptons publier
sous peu avec son consentement.

Et premièrement, pour ce qui concerne l'exposition, ne voulant ni ne pouvant ici tracer qu'une rapide esquisse de ce qu'on peut appeler philosophie contemporaine en Italie, nous avons dû choisir quelques noms, et nous borner à ces doctrines qui ont exercé la plus grande influence en Italie, et ont laissé des traces plus ou moins marquées dans la pensée italienne. C'est ce qui expliquera pourquoi il y a des noms que nous avons laissés en dehors de notre travail. Et, il faut bien le dire, ce ne sont pas les noms qui font défaut en Italie : tout au contraire, il y en a une telle abondance qu'il serait difficile même de les compter; car le nombre en est si grand, et les prétentions à l'originalité sont si étranges, pour ne pas dire insensées, qu'on ne peut ne pas éprouver de graves appréhensions pour la discipline et l'avenir de la pensée italienne. On comprendra d'après cela comment nous avons dû nous renfermer dans l'examen des doctrines de ces philosophes qui sont parvenus à fonder une espèce d'école et qui ont trouvé des disciples. Ces philosophes sont Galluppi, Rosmini, Gioberti et Franchi (1). Dans l'exposition de

---

(1) Nous regretterions qu'on interprétât nos paroles d'une façon trop absolue, lorsqu'en présence de cette surabondance de doctrines philosophiques en Italie nous exprimons nos craintes pour la discipline et le développement ultérieur de la pensée italienne. Il y a en Italie des individualités remarquables auxquelles nos paroles ne s'appliquent point ; et si nous ne nous en occupons pas, c'est qu'elles ne rentrent pas dans le cadre que nous nous sommes tracé. Mais il ne faut pas en même temps se dissimuler que ces individualités sont de très-rares exceptions qui ne peuvent nullement nous rassurer sur l'état général de la pensée italienne. Sous ce rapport, nul ne contestera que la pensée est en Italie dans un état de désordre et nous serions tenté de dire chaotique, que la manie d'une fausse originalité y est

leurs doctrines, nous nous attacherons aux points fondamentaux et les plus saillants, laissant de côté les détails et les développements particuliers qui n'ont pas une véritable importance, et dont la prolixité d'ailleurs est telle qu'ils demanderaient plusieurs volumes.

Mais comme la critique doit accompagner l'exposition d'une doctrine, nous allons brièvement indiquer les principes qui nous ont servi de guide et de fil conducteur dans nos investigations (1).

---

devenue un préjugé national, préjugé qui, plus que tout autre chose, y engendre ou perpétue de fâcheuses habitudes intellectuelles, et que la liberté philosophique, n'étant ni nourrie par des études sérieuses ni réglée par la discipline et par la foi dans l'enseignement s'est changée en licence. Le lecteur sera peut-être surpris de ne pas rencontrer parmi les philosophes italiens le nom de M. Ferrari et de M. Mamiani. Quant à ce dernier, si nous ne nous en occupons pas, c'est qu'il n'a pas fondé d'école et que ses doctrines n'ont pas en Italie ce degré d'influence qui a déterminé notre choix. Nous ajouterons à ce sujet, comme renseignement, que notre ami Mariano Vitto s'occupe en ce moment d'un travail spécial sur la doctrine de Mamiani, telle que celui-ci l'a dernièrement exposée dans son livre « *Confessions d'un métaphysicien* » (Florence, 1865). Quant à M. Ferrari, nous avons déjà indiqué (p. 2) la raison qui nous l'a fait exclure de notre travail; c'est que s'étant surtout et presque exclusivement renfermé dans la philosophie de l'histoire et n'ayant pas une théorie philosophique, il ne pouvait pas rentrer dans les limites de ce travail qui a pour objet l'étude de la philosophie proprement dite.

(1) Le lecteur initié dans ces matières verra que ces considérations sont tirées en grande partie de l'enseignement de M. Véra, ainsi que de ses livres, et qu'elles sont aussi une reproduction des théories de Hégel. Il verra ensuite que nous ne faisons que les grouper selon un certain critérium et en vue d'un certain but. Mais nous croyons qu'il reconnaîtra en même temps que cette reproduction pourra l'aider à se remettre sous les yeux certains points saillants de l'hégélianisme ; et que de toute façon elles nous étaient nécessaires pour fixer notre point de départ et pour donner une base à nos investigations

Et d'abord nous examinerons en hégélien les doctrines des philosophes que nous venons de nommer, ce
qui veut dire que l'hégélianisme ou, pour employer une
expression plus indépendante, l'idéalisme absolu sera
la pierre de touche à l'aide de laquelle nous reconnaî-
trons la valeur intrinsèque de ces doctrines. On conçoit,
en effet, comment l'hégélianisme ayant saisi, mieux et
plus complétement que toute autre doctrine, l'idée, et
l'idée absolue, et ayant réalisé cette idée d'une façon
concrète et systématique, soit la seule doctrine qui
puisse s'attribuer le titre d'idéalisme absolu. C'est pour
cette raison même que l'hégélianisme seul peut fournir
à la critique philosophique son critérium absolu. Et il
faut dire aussi que la philosophie hégélienne a accompli la plus haute conciliation de l'histoire et de
la raison, et que par suite elle l'emporte sur les autres
philosophies sous le rapport historique, tout aussi bien
que sous le rapport dogmatique.

Sous le rapport historique, en effet, elle est le résultat de toutes les philosophies antérieures, philosophies qu'elle nie, non en tant que fausses, mais en
tant que partielles et exclusives; ce qui fait que, pendant qu'elle les nie, elle les affirme aussi en ce
qu'elle reconnaît dans chacune d'elles une donnée rationnelle; et, en les affirmant, elle les harmonise et en
forme comme un tout organique achevé, qui la constitue précisément ce qu'elle est, c'est-à-dire l'idéalisme
absolu. Par là les doctrines antérieures sont ramenées
de leur état de dispersion et d'isolement à leur unité,
et elles sont comme pénétrées d'un souffle de vie nou-

velle. Cette intime connexion de la raison et de l'histoire doit être considérée comme une des conquêtes
de la raison moderne. On croyait autrefois qu'on pouvait fonder une doctrine philosophique en dehors du
passé et sans y faire entrer et y incorporer les doctrines
antérieures. C'est le point de vue qu'on peut appeler
antihistorique et révolutionnaire. C'est le point de vue
de Bacon et de Descartes, point de vue qui implique
que dans le passé, l'histoire s'est mue hors de la raison,
et que dans le cours des siècles un seul rayon de l'absolue vérité n'a pas lui sur le monde. La science moderne a compris ce qu'il y a d'erroné dans cette manière
de considérer le passé ; elle a compris que le passé est,
comme le présent, l'œuvre de la raison. Platon et
Aristote s'étaient fait, il est vrai, une autre notion de
la philosophie ; et Leibnitz, en posant en principe
qu'il n'y a pas de doctrine entièrement fausse, a reconnu lui aussi que le passé contient sa part de vérité.
Mais ce n'est que chez Hégel que ce principe reçoit
sa plus haute et complète réalisation. Hégel comprit
mieux que tout autre qu'une vraie philosophie, loin
d'exclure le passé, doit le renfermer. Car dès qu'on entend, et qu'on admet ce principe, que la raison est
dans le monde, et que la philosophie est le représentant de la raison aux différents degrés de son développement, on admettra aussi que la vraie philosophie
doit comprendre toutes les doctrines et toutes les philosophies dans son unité. C'est ce qu'a vu, et c'est ce
qu'a réalisé Hégel, et par suite sa philosophie est la
philosophie historique par excellence.

Quant à son côté dogmatique, l'hégélianisme représente le plus haut degré de la conscience que l'esprit
s'est donné de lui-même. Ce travail continu et pro-
gressif par lequel l'esprit s'efforce de saisir sa nature
et dans sa nature la nature des choses en général,
trouve dans Hégel son point culminant et sa plus haute
expression. Toutes les philosophies ont, il est vrai, considéré leur objet de la même manière ; toutes, voulons-
nous dire, ont considéré l'absolu, ou, ce qui revient au
même, les principes absolus des êtres, comme constituant l'objet et la sphère propre de leurs recherches ; et
par suite elles se sont toutes plus ou moins appliquées à
rechercher et à déterminer un principe absolu, qui
pût rendre raison des choses et de leurs rapports. C'est
lorsqu'il s'agit de déterminer ce principe qu'on voit
paraître les différences dans la direction et dans les tentatives de la pensée philosophique. Et cependant, on
peut aisément reconnaître au fond de ces différences
un seul et même principe, l'Idée. Mais s'il est vrai qu'au
fond de toute pensée qui s'est appliquée à donner
une solution du problème de la science il y a l'idée,
il est vrai aussi que l'idée y est plus ou moins à l'état
obscur, et sans conscience, qu'elle n'y est pas en tant
qu'idée, car l'idée n'est vraiment l'idée que lorsqu'elle
se pense et se connaît comme telle. Ainsi on peut
affirmer que c'est seulement dans la doctrine hégélienne que l'idée a atteint à la conscience d'elle-même,
et qu'elle s'est élevée de sa forme enveloppée et virtuelle à la pleine possession de sa réalité. Car dans
cette doctrine l'idée, ou l'esprit, ou la pensée, termes

qui, en un certain sens, sont synonymes, se pense
et se reconnaît comme principe absolu des choses.
D'où il suit que l'hégélianisme est comme le couronnement de l'édifice de la science, et qu'il en est le
couronnement non-seulement parce qu'il recommence
et parcourt de nouveau l'évolution de la pensée philosophique depuis son origine, et qu'il résume et reproduit cette pensée, mais parce qu'il l'anime d'une
vie nouvelle et qu'il lui communique une valeur absolue.

Mais qu'est-ce que l'idée nous demandera-t-on peut-
être ? Car nous avons parlé jusqu'ici de l'idée comme
d'une chose connue et généralement admise, tandis
qu'il en est probablement peu qui voudront reconnaître avec nous que l'idée est l'essence des choses.
La difficulté qu'on éprouve à admettre ce principe
vient principalement de ce que l'on ne veut pas accorder une réalité à l'être intelligible. Notre esprit
est tellement troublé par les sens, par l'apparence et
par l'être sensible, que lorsqu'il s'en sépare, il croit
sentir le sol s'écrouler sous lui, selon l'expression de
Hégel; tandis qu'au contraire il se trouve dans la
sphère la plus réelle et la plus vraie, c'est-à-dire
dans la sphère des principes d'où émanent tout être
et toute vérité. Qu'est-ce que, en effet, que l'idée,
et comment peut-elle être le principe des choses ?

Toute idée est une pensée, ou, pour mieux dire,
l'idée est la pensée. Il n'y a pas de pensée sans idée,
comme il n'y a pas d'idée sans pensée, en ce sens que
c'est dans la pensée que l'idée pose et réalise sa nature

propre, et qu'elle devient l'idée qui a conscience d'elle-même. Les confins de l'idée sont ainsi les confins de la pensée, et réciproquement ; ce qui fait que l'idée et la pensée sont non-seulement indivisibles, mais qu'elles sont une seule et même chose. En effet, si les idées sont des êtres intelligibles, c'est-à-dire des êtres à l'aide desquels on entend les choses, la pensée sera l'idée par excellence, puisque c'est elle qui entend toutes choses, et que, par suite, elle est l'intelligence elle-même. Par conséquent, la pensée s'entend elle-même, et de plus elle entend les idées, et dans les idées elle entend les choses. D'où l'on voit également que c'est dans l'unité de la pensée et de l'idée que réside l'unité de la connaissance.

Cependant l'idée n'est pas seulement le principe de la connaissance, mais elle est aussi le principe de l'être ou, comme on dit, l'essence des choses. Nous ferons d'abord remarquer à ce sujet que l'essence, de quelque façon qu'on se la représente, ne saurait être qu'un principe intelligible, placé au-dessus et hors de l'expérience et de toute donnée empirique. Ainsi, lorsqu'on dit, par exemple, que le principe des choses est la cause, ou la force, ou la substance absolue, ou qu'on parle du vrai, du bien, du beau, ou d'autre chose semblable, on ne fait qu'énoncer des principes qui ont une réalité purement intelligible. Et lorsque, en se plaçant à un point de vue purement sensualiste et matérialiste, on place dans la nature le principe des choses, il faut bien que cette nature soit un être, une force qui domine et lie les différentes parties qu'elle contient et qui, par suite, dépasse les limites de toute expérience. Ce que nous disons de la nature en général s'applique également à la matière. Platon, Aristote et les Alexandrins ont déjà reconnu que la matière est une idée, ou, ce qui revient au même, qu'il y a une idée de la matière. Ce qu'on entendra, en entendant que la matière doit avoir elle aussi un principe, lequel est le principe des différentes matières ou des diverses formes que revêt la matière. Mais nous irons plus loin, et nous dirons que ce n'est pas la matière en général, ou, si l'on veut, la matière pure, qui est un être intelligible, une idée, mais que les déterminations mêmes de la matière, telles que le feu, l'eau, l'électricité, etc., sont des déterminations idéales, et que de plus le phénomène lui-même non-seulement ne saurait être perçu sans l'idée, mais il doit être engendré par le principe, c'est-à-dire par l'idée qui lui correspond.

Maintenant, s'il est vrai, comme nous le prétendons, que l'idée soit le principe de l'être et de la connaissance, et s'il est vrai aussi que Hégel ait pensé l'idée absolue, l'hégélianisme et la philosophie se confondent, et l'hégélianisme est la philosophie absolue dans l'acception stricte du mot (1). Il suit de là que c'est la doctrine hégélienne qui, comme nous l'avons fait remarquer, peut seule nous fournir la règle et le critérium pour juger les autres doctrines philosophiques,

_____

(1) Voyez ce que dit sur ce point M. Véra, nouvelle préface de la deuxième édition de l'*Introduction à la philosophie de Hégel*. Nous croyons qu'en lisant cet écrit, les adversaires de la philosophie hégélienne, à quelque couleur qu'ils appartiennent, se trouveront singulièrement embarrassés.

car par là qu'elle pense l'idée absolue ou l'Absolu, c'est elle seule qui se démontre elle-même, et qui peut ainsi démontrer toutes les autres.

Mais la philosophie absolue, nous l'avons vu, et partant la philosophie hégélienne, n'est pas la philosophie parce qu'elle exclut les autres doctrines, mais parce qu'elle les comprend et les dépasse ; ce qui fait, d'un côté, que les autres doctrines, c'est-à-dire l'histoire de la philosophie, ne peut être entendue que par la philosophie hégélienne, et que, de l'autre côté, l'étude de cette histoire ne peut être qu'une préparation à l'intelligence de la philosophie hégélienne.

Passant maintenant de ces considérations générales à la philosophie italienne, nous commencerons par faire observer qu'il y a en Italie des philosophes qui, se plaçant à un point de vue qu'on peut appeler exclusivement italien, pensent qu'il est avant tout nécessaire pour l'Italie de reprendre le fil de sa tradition philosophique et de raviver l'étude de ses philosophes et spécialement de Galluppi, de Rosmini et de Gioberti, qui, suivant eux, auraient rendu à la philosophie italienne son ancienne splendeur. Car la philosophie d'un peuple, dit-on, est la manifestation la plus parfaite de la puissance du génie national. Quant à nous, nous ne pouvons voir dans cette opinion autre chose qu'une illusion, et qu'une des illusions nationales, et il nous est impossible de reconnaître dans la philosophie italienne une œuvre sérieuse et qui marque dans l'histoire de la science. A notre avis, les philosophes italiens des derniers temps n'ont contribué en aucune

façon par leurs doctrines au mouvement et au développement de la pensée philosophique ; car outre
qu'ils paraissent lorsque le développement entier de
cette pensée s'était accompli, ils se renferment dans
des points de vue et dans des principes exclusifs et
subordonnés. Il faut aussi ajouter que leurs doctrines
ont le défaut de n'être point systématiques, qu'elles
naissent on ne saurait dire d'où ni comment, sans
avoir une conscience claire d'elles-mêmes, ni de la
philosophie en général, et enfin qu'elles marquent
une rétrogradation et une décadence de la pensée (1).
Et c'est pour cette raison que la pensée italienne doit,
à notre gré, accepter, entendre et s'approprier la
pensée hégélienne, et s'il est possible la développer et
l'agrandir (2).

Mais on nous dit que pour entendre et s'approprier
la pensée d'autrui, c'est-à-dire ici une pensée philosophique importée, l'étude rétrospective de sa propre
pensée, c'est-à-dire encore de la pensée nationale, est
chose indispensable : *parce que*, ajoute-t-on, *la conscience
de soi n'est pas une marchandise qu'on puisse acquérir et
importer si on ne la possède pas, car cette conscience c'est
nous-mêmes, et par suite nous ne saurions l'acquérir sans
nous connaître nous-mêmes* (3).

_____

(1) Les Allemands ont très-bien compris cette position de la philosophie italienne, et c'est pour cette raison que dans leurs diverses
histoires de la philosophie, pendant qu'ils s'occupent de la philosophie
de Bruno, ils ne disent pas un mot de la philosophie italienne depuis
Bruno jusqu'à nos jours.

(2) Voyez sur ce point notre livre, *Lassalle et son Héraclite* (en
italien, Florence, 1865), introduction, § I.

(3) C'est surtout l'opinion de M. Bertrand Spaventa que nous exa-

Le défaut fondamental de ce raisonnement a précisément son origine dans la fausse notion qu'on se fait

minons ici, opinion qu'il a exposée dans ses écrits et dans son enseignement. Comme c'est une opinion qui trouve un certain écho en Italie, et qu'on pourrait d'ailleurs la considérer comme une sorte de critérium philosophique, nous croyons devoir l'examiner de plus près, en faisant cependant remarquer que M. Spaventa entoure sa pensée de telles précautions, et y répand une lumière si douteuse, qu'on éprouve la plus grande difficulté à la saisir et à la fixer.

Et d'abord c'est à un point de vue exclusivement italien qu'il se place. Il dit à plusieurs reprises que le génie italien se contemple (*specchiasi* — se mire) dans sa propre philosophie, et que le développement de la philosophie italienne a été toujours le désir et l'occupation de sa vie. (voy. *passim, Prolusione alla storia della filosofia,* Modène, 1860, et *Prolusione e introduzione alle lezioni di filosofia,* Naples, 1862.) Seulement il croit nécessaire d'étudier, comprendre et s'approprier ce qui a été fait hors de l'Italie, ou mieux qu'en Italie, parce que nous autres Italiens, dit-il, en entrant dans un plus vaste horizon, en nous connaissant mieux nous-mêmes, et en nous retrempant dans le courant perpétuel de la vie universelle, nous pouvons faire un pas en avant, non dans le vide, mais avec la pleine conscience de nos forces, de notre tâche à nous, et de la tâche de la philosophie en général. Vous avez beau, ajoute-t-il, transplanter la vérité, si elle ne s'harmonise en aucune façon avec notre génie national, ce sera une vérité en elle-même, mais ce ne sera pas une vérité pour nous ; pour nous elle demeurera une chose sans vie.

Qu'il nous soit permis de répéter ce que nous disons dans le texte, c'est que M. Spaventa prend ici une position qui fausse la notion de la philosophie, la notion de son objet, ainsi que celle de son histoire. En parlant de l'accord de la vérité avec le génie national, il exige une condition qui ne s'applique pas à la vérité, et qui n'a pas de valeur dans la sphère de la science, car il subordonne ainsi l'objet de la philosophie à l'esprit national, et ce n'est pas la vérité qu'il a en vue, mais une vérité qui s'adapte à cet esprit. Supposons qu'une telle correspondance n'existât pas, ou qu'on ne sût la découvrir, quelle en serait la conséquence? C'est qu'il faudrait se séparer de la vérité et y renoncer. Mais il nous semble qu'en raisonnant ainsi, au fond M. Spaventa ne s'entend pas lui-même, car il est clair qu'en reconnaissant la nécessité de joindre à l'étude de la philosophie italienne celle de la philosophie étrangère, il reconnaît implicitement comme

de la philosophie. En disant que la conscience nationale n'est pas une marchandise qu'on puisse importer,

une espèce d'*à priori* et de postulat l'accord de la vérité et du génie
national.

Cependant M. Spaventa croit pouvoir donner un appui plus solide
à sa conception en la fondant sur l'unité de la pensée et de la philosophie. Si la philosophie, dit-il, est une, le développement de la philosophie italienne ne peut essentiellement différer du développement de la philosophie en général. Et en allant plus loin sur cette
voie, il n'hésite pas à proclamer que la philosophie italienne contient en elle toute la philosophie moderne; que le dernier degré
auquel s'est élevée la spéculation italienne coïncide avec le dernier
résultat de la philosophie allemande, et qu'enfin Gioberti n'est pas,
comme on le croit, l'antithèse de toute la philosophie moderne, et
qu'il ne diffère du dernier grand philosophe européen, ni par le principe, ni par la méthode, ni par le résultat de sa philosophie. L'intuition de Gioberti n'est autre chose que la pensée pure de Hégel.
L'objet de l'autre livre de M. Spaventa, *la Philosophie de Gioberti*
(Naples, 1863), c'est précisément d'établir cette opinion.

Relativement à l'unité de la philosophie, c'est là un point que nulle
doctrine ne reconnaît d'une façon plus explicite que l'hégélianisme,
puisque le dogme fondamental de l'hégélianisme est que l'objet de la philosophie est un et universel, et que cet objet est l'idée. Hégel va jusqu'à
dire que toutes les fois que l'homme parle il y a dans ses paroles une
notion, et que dans sa conscience il y a toujours le germe d'une
vérité universelle. Il n'y a donc rien de plus naturel que de dire :
la pensée philosophique italienne ne peut différer essentiellement
de la pensée philosophique universelle. Et en cherchant bien on
pourrait retrouver cette pensée, non-seulement dans la pensée de
Galluppi, de Rosmini et de Gioberti, mais dans celle d'un Samoyède
et d'un Hottentot. La pensée ne peut jamais se séparer d'elle-même,
et par suite il ne faut pas un grand effort pour retrouver la pensée dans
toute pensée. Mais l'essentiel n'est pas de découvrir ce caractère indéterminé et commun à toute pensée, mais de voir si et jusqu'à quel
point la pensée italienne s'est élevée à la pensée philosophique proprement dite, ou, pour parler avec plus de précision, à la pensée
absolue. Il ne suffit pas en effet de montrer qu'au fond de chaque
doctrine il y a l'idée. Si c'était là l'essentiel, nous ne voyons pas
pourquoi on parlerait de progrès, de développement et d'histoire de
la philosophie, ou bien d'une doctrine comme l'emportant sur une
autre; nous ne voyons pas pourquoi nous établirions une distinction

on croit énoncer une vérité transcendante, une sorte
d'axiome qui n'admet pas de réplique. Mais nous

entre Platon, Descartes et Hégel, puisque tous ces philosophes ont
pensé l'idée, et qu'ils ont tous été idéalistes à leur façon. Il n'y a même
pas de raison pour distinguer Hégel de Thalès, puisque l'eau, ce
principe auquel Thalès ramène la multiplicité des choses comme à
son unité interne, n'est en réalité qu'une idée. Par conséquent, l'essentiel c'est de voir si l'idée a été entendue d'une façon claire et
complète, ou plus complète qu'elle ne l'a été dans le mouvement philosophique précédent. C'est là le point de vue qui distingue et détermine
les choses, qui en saisit les différences, et qui par cela même prend
au sérieux l'histoire de la philosophie et la philosophie, deux choses
qui sont étroitement unies. En nous plaçant à ce point de vue, et en
admettant même pour le besoin de la discussion que l'idée fasse le
fond des diverses doctrines philosophiques qui se sont produites en
Italie dans ces derniers temps ; si ces doctrines, comme nous le prétendons et le démontrons, n'ont ni surpassé, ni atteint le degré de
développement et de conscience auquel s'était déjà élevée la pensée
philosophique, il faudra en conclure, d'un côté, qu'elles n'ont pas de
place dans l'histoire de la philosophie, puisque celle-ci ne leur doit
aucun progrès, et que, de l'autre, et par cela même, elles ne sont
qu'une pure superfétation dans l'ordre de la science et de la
pensée. On voit par là que le besoin de reconnaître cette pensée
imparfaite et déjà dépassée pour se replacer dans le courant universel
de la pensée est un besoin imaginaire, inutile, nuisible même, puisqu'il
n'amène pas un progrès, mais un regrès historique.

M. Spaventa, pour se prémunir contre ces objections, prétend
que la philosophie italienne est en elle-même toute la philosophie
moderne. Mais s'il en est ainsi, si le dernier degré de développement
qu'elle a atteint coïncide avec le dernier résultat de la philosophie
allemande, pourquoi s'occuper de cette dernière ? Il semble en vérité
que l'italienne devrait suffire. Mais faisons entrer, pourrait-on dire, la
philosophie allemande comme un luxe dans nos études. Oui, on
pourrait à la rigueur accorder cela si en effet la philosophie italienne
était la philosophie allemande. Mais M. Spaventa lui-même, après
avoir tenu un langage si tranché et si absolu dans un de ses écrits
(*Introduction* citée ci-dessus p. 15), se ravise dans un autre (*Introduction aux leçons de philosophie*), et introduit des tempéraments et
des réserves dans sa pensée. « En parlant », dit-il, « de caractère et de
» développement de la philosophie italienne, je ne veux point dire
» que nos philosophes aient eu une conscience claire du dévelop-

rappellerons à cet égard que ce qui est vrai d'une sphère, d'un ordre de choses, n'est point vrai d'une

» pement de notre pensée, comme cela est arrivé de nos jours
» en Allemagne, et même dans une certaine mesure en Grèce. Si la
» conscience claire, et par suite un vrai développement, un grand
» et libre développement de la pensée a fait défaut en Italie, est
» précisément que la vie libre y a fait défaut.» Et il ajoute: «Ce
» développement (*processo, processus*), (le développement nécessaire
» de la pensée depuis Kant jusqu'à Hégel), se reproduit dans la philoso-
» phie italienne, non, il faut bien le dire, d'une façon complète et
» en son entier, mais avec une certaine précipitation et par sauts
» (*Sebbene non nella sua integrità, ma con una certa fretta e a
» salti*)». Que devrons-nous dire de ces tâtonnements, de ces réserves, de ces contradictions? Il nous semble que c'est là avoir deux
poids et deux mesures, ou, pour nous servir de l'expression biblique, c'est servir deux maîtres. Des deux choses l'une: ou la
philosophie italienne est toute la philosophie moderne, et elle a atteint
le même degré de développement que la philosophie allemande, ou
bien elle n'a pas atteint ce degré. Dans le premier cas, nous l'avons
déjà remarqué, à quoi bon s'occuper de la philosophie allemande?
Mais ce qu'il faut dire c'est que lors même qu'elle ne différerait pas
de la philosophie allemande quant au résultat, comme l'a prétendu à
tort M. Spaventa, on ne serait en aucune façon autorisé à la placer au
même niveau que cette dernière. Car d'abord deux doctrines peuvent
se ressembler par certains résultats, et différer cependant par des
points très-importants, c'est-à-dire par la méthode, par les questions
qu'elles se posent et par les solutions qu'elles en donnent, ce qui,
pour celui qui entend l'importance de la forme, de la méthode et de
la connexion des diverses parties d'un tout, constitue une différence
essentielle. En outre, lors même que la philosophie italienne serait
la philosophie allemande, puisqu'elle est venue après cette dernière,
elle ne serait qu'une répétition, et une répétition accompagnée *de cette
précipitation et de ces sauts* dont nous parle M. Spaventa; ce qui
veut dire qu'en réalité elle ne serait que la parodie d'un mouvement
original qui ailleurs s'accomplissait sous l'impulsion d'une nécessité
à la fois idéale et historique. Mais ce ne sont là que des concessions
que nous faisons pour le besoin de la discussion. Car dans le fait,
nous verrons plus loin que la philosophie italienne n'est que la philosophie du moyen âge, et qu'elle n'a pas un sens vraiment historique. S'il en est ainsi, si la philosophie italienne, voulons-nous dire,
n'est pas la même que la philosophie moderne, et si elle ne s'est

autre sphère et d'un autre ordre de choses. Or la
conscience nationale n'est point la conscience philo-

pas élevée au même degré de développement que la philosophie allemande, pourquoi obligerait-on la pensée italienne à revenir sur elle-
même ? Quelle utilité y a-t-il à l'obliger à ce travail qui ne pourrait
avoir d'autre résultat que de la faire rétrograder ?

Mais qu'il nous soit permis de dire que nous ne voyons dans la position prise par M. Spaventa vis-à-vis de la philosophie allemande et
de la philosophie italienne, et dans tous ses rapprochements, et
dans toute son argumentation, qu'un de ces tours de force intellectuels, qui ne sont pas rares, qui sont même malheureusement
trop communs, et qui consistent à mettre dans une doctrine ce
qui n'est pas dans cette doctrine, mais ce qui est dans sa propre
pensée, ou dans la pensée d'un autre. Avec ce procédé on finit par
ne plus rien distinguer, on finit par mêler et confondre toutes
choses, et par rendre impossible l'histoire de la philosophie. (Voyez
sur ce point notre livre sur *Lassalle et son Héraclite*, chap. III.)
Nous savons bien que M. Spaventa lui-même déclare que les rapprochements historiques ne déterminent rien, et que même ils sont
souvent une source de confusion. Mais au-dessus des paroles et des
professions de foi il y a le fait, et le fait est que M. Spaventa a identifié Gioberti et Hégel, oubliant que c'est parce que sa pensée obéit
à l'influence des théories hégéliennes qu'il interprète à sa façon
la pensée de Gioberti, et qu'il croit y trouver la pensée de Hégel. Et
nous ajouterons à cet égard que les paroles de M. Spaventa sur la
philosophie de Hégel, savoir que cette philosophie n'est pas le dernier
mot de la pensée spéculative, et que par suite on ne doit pas répéter
et commenter machinalement ses déductions comme autant de formules sacramentelles, sont des paroles sonores, mais vides. Car d'abord
l'essentiel c'est d'entendre ces déductions et ces formules, comme
il plaît à M. Spaventa de les appeler. Mais M. Spaventa les entend-il ?
Il paraît que non, puisqu'il identifie Gioberti et Hégel. Ensuite que
la pensée hégélienne puisse être ultérieurement développée et com-
plétée dans de certaines limites, c'est nous croyons ce qu'aucun hégélien ne refuse d'admettre. Mais il nous semble que si M. Spaventa
avait entendu l'histoire de la philosophie et l'hégélianisme, il aurait
vu qu'il n'y a pas de développements ultérieurs possibles en s'écar-
tant et en sortant de la pensée hégélienne, et en ce sens on peut
dire que la philosophie de Hégel est le dernier mot de l'esprit spéculatif. De toute manière, ce qu'il y a dans cette identification de Hégel et Gioberti, ce n'est certes pas un développement mais une con-

sophique, et la sphère de la philosophie n'est point la sphère de la nationalité; et par suite confondre la première avec cette dernière, c'est tomber dans la μεταβασις εις άλλο γενος. On dira peut-être que pour conscience nationale il ne faut pas entendre la conscience politique, mais la conscience philosophique, par là, et autant que celle-ci se développe de la conscience nationale. Mais d'abord la conscience nationale, qui est devenue conscience philosophique, n'est plus la conscience nationale. Ensuite, étudier la philosophie nationale c'est l'exaimner et la juger, ce qui

trefaçon et un bouleversement de la pensée hégélienne. Pour nous résumer nous dirons qu'à notre gré tout ce que ce travail de M. Spaventa peut produire, c'est de fausser non-seulement la philosophie hégélienne, mais l'histoire de la philosophie et la philosophie elle-même. Ces paroles, nous en avons la confiance, trouveront leur confirmation dans l'exposition qui va suivre, des doctrines des philosophes italiens que nous avons nommés ci-dessus, et surtout de celle de Gioberti.

Ce chapitre était écrit lorsque M. Spaventa a publié un nouveau livre intitulé : *Principi di philosophia* (Principes de philosophie). Cette nouvelle publication ne saurait affecter ni modifier en aucune façon le jugement que nous avons porté sur lui. Tout au contraire elle ne fait que le confirmer et le mettre dans une plus complète évidence. Car on y trouve les mêmes allures contournées et détournées, la même ambiguïté dans la pensée et dans le langage, un hégélianisme qui n'est point un hégélianisme, ou qui veut se donner pour autre chose que l'hégélianisme, une logique hégélienne qui prend les airs de nous ne savons quelle autre logique, enfin une philosophie nouvelle, mais étrangement nouvelle, d'abord parce qu'on y donne comme nouveau, ce que Hégel lui-même, et après Hégel, quelques-uns de ses disciples ont explicitement et depuis longtemps enseigné, et ensuite et surtout parce qu'on ne saurait dire ce qu'elle est, d'où elle vient et où elle va, et que, nous le répétons, elle ne peut avoir d'autre résultat que de créer ou de perpétuer l'équivoque, la confusion et l'indiscipline des esprits.

veut dire que cette étude exige un certain critérium.
Or si l'on ne sort pas du cercle de la pensée nationale,
où prendra-t-on ce critérium ? Et il est clair, d'ailleurs,
que si la philosophie étrangère surpasse cette conscience nationale philosophique, toute importation est
rendue par cela même impossible, car cette règle,
cette mesure, dont on a précisément besoin pour entendre et apprécier la philosophie, nous fera défaut.
Enfin cet argument annule au fond l'importance et le
sens véritable de l'histoire de la philosophie. C'est
une vérité aujourd'hui généralement reconnue que
l'étude de l'histoire de la philosophie forme une partie
intégrante de la philosophie elle-même. Maintenant
cette impossibilité d'une importation étrangère qui ne
serait pas précédée de l'étude de la philosophie nationale ne s'applique pas moins à Platon, à Aristote, en
un mot, à toute l'histoire de la philosophie, qu'à Hégel ;
et, par conséquent, nous devrions connaître nos philosophes nationaux avant de connaître Platon, Aristote
et tous les philosophes qui ne sont pas Italiens, ce qui
revient à dire qu'une nation ne peut développer et
continuer la pensée universelle et humanitaire, si elle
n'a pas d'abord reconnu et reconstruit sa propre pensée. C'est une étrange notion, il faut le dire, que cette
tâche qu'on veut imposer à la pensée ; c'est une notion
qui méconnaît au fond la nature propre et spéciale
de la pensée philosophique et de son objet, qui annule le progrès, tel qu'il doit être entendu dans cette
sphère, et nie l'idée de l'humanité. Si chaque peuple doit individuellement parcourir de nouveau son

chemin et refaire sa propre pensée pour se mettre
à même d'entendre la pensée des autres, c'en est fait
de l'unité de la philosophie et de l'unité de son histoire.

CHAPITRE II

Un siècle à peu près s'était écoulé depuis Vico, lorsque la pensée italienne sembla vouloir renaître à une vie nouvelle. A cette époque parut en Italie un homme qui se dévoua à la philosophie et lui consacra une vie laborieuse et honnête. Cet homme est le baron Pascal Galluppi. C'étaient des temps difficiles et entourés d'entraves et de dangers que les temps où il vécut. Il professa cependant à l'Université de Naples pendant de longues années, et il donna ses soins à l'instruction de la jeunesse. Il publia en même temps plusieurs ouvrages, dont les principaux sont : *Éléments de philosophie* (*Elementi di filosofia*), *Leçons de Logique et de Métaphysique* (*Lezioni di logica e di metafisica*), *Essai philosophique sur la critique de la connaissance* (*Saggio filosofico sulla critica della conoscenza*). C'est surtout dans ces ouvrages que nous chercherons à saisir sa pensée fondamentale, celle qui l'a guidé dans ses investigations philosophiques.

Il est à peine besoin de rappeler que Galluppi parut lorsque le mouvement philosophique allemand, ce mouvement, dont les termes extrêmes sont Kant et Hégel, et les termes intermédiaires Fichte et Schelling, était achevé, c'est-à-dire, lorsque l'idéalisme était une doctrine constituée. Il est naturel de penser que dans ces conditions, celui qui aurait voulu imprimer une nouvelle impulsion à la philosophie aurait dû tourner ses regards vers la dernière manifestation de la pensée et de la raison pour l'entendre et se l'approprier d'abord, et pour en faire sortir ensuite de nouveaux développements. Il n'y avait, et il n'y a pas d'autre voie à suivre pour rajeunir d'une façon efficace et sérieuse une pensée vieillie. Ce n'est pas cependant ainsi que procède notre philosophe, car Galluppi ne se rend nullement compte de sa position historique, et par suite il se produit comme un phénomène isolé et accidentel; ce qui fait qu'il ne commence qu'un mouvement artificiel et stérile, et qu'il n'est que le point de départ d'une fausse direction de la pensée. La philosophie de Galluppi, en effet, peut être regardée comme une espèce d'éclectisme dans le sens où ce mot a été appliqué de nos jours à l'école française, qui reconnaît pour chef M. Cousin, c'est-à-dire dans le sens d'un assemblage arbitraire, extérieur et superficiel de différents points de vue et de différentes doctrines. Car c'est de cette façon que Galluppi rassemble, expose et combine les diverses doctrines qui se sont succédées depuis Descartes jusqu'à Kant. Galluppi a à sa disposition un langage simple et naturel; il expose avec clarté, et il sait vulgariser et revêtir d'une forme populaire la pensée des autres. Mais comme il ne possède pas une doctrine assez large et bien déterminée, et que ses procédés se réduisent au fond à une analyse superficielle et empirique, tout son travail d'exposition et de critique aboutit à un syncrétisme, à un amalgame indigeste d'éléments divers qui ne sont pas vivifiés et harmonisés par un seul et même principe. Ainsi on ne le voit jamais saisir et marquer le point saillant d'un système et d'une époque, ce point que la pensée a atteint, et qui est comme le point de départ d'un nouveau développement. C'est ce qu'on apercevra plus clairement en examinant de plus près la pensée fondamentale de la philosophie de Galluppi. Mais afin de bien fixer la position qu'avait prise la pensée philosophique et les résultats auxquels elle était parvenue à l'époque où parut Galluppi, nous avons cru devoir faire précéder cet examen de quelques considérations générales, à la fois théoriques et historiques : et cela d'autant plus que ces considérations s'appliquent également aux autres philosophes dont nous allons exposer les doctrines.

L'intelligence et l'intelligible sont les deux termes auxquels on peut ramener toutes les différences et toutes les oppositions. On se demandera lequel de ces deux termes représente la vérité, et suivant le point de vue auquel on se placera, on pourra considérer l'un ou l'autre comme le principe de la vérité, ou, pour mieux dire, comme la vérité même. Car si nous regardons l'intelligible, ou l'objet de l'intelligence comme constituant la réalité nécessaire et absolue, nous serons amenés à penser que la vérité entière réside dans cet objet. Si par contre nous considérons l'objet qui n'est pas entendu comme un être

qui est, pour ainsi dire, hors de son existence ratio-
nelle, nous en conclurons que la vérité réside surtout
dans l'intelligence. C'est ce qui montre que chacun de
ces deux termes contient une partie de la vérité, et que
la vérité n'est ni dans l'un ni dans l'autre exclusivement, mais dans tous les deux, de telle sorte que, pris
séparément, ils sont faux, par là même que chacun
d'eux n'est vrai que dans son rapport et dans son
identité avec l'autre. Il suit que pour s'élever à la
vérité on doit découvrir un principe supérieur qui
les enveloppe tous les deux, et qui fait leur unité. Or
ce principe un et unificateur, s'il nous est permis
d'ainsi nous exprimer, ne peut être que l'idée ou la
pensée. Pour atteindre à ce principe, l'humanité devait se replier sur elle-même et s'entendre elle-même,
car c'est seulement en s'entendant elle-même et en
elle-même qu'elle pouvait aussi entendre la nature de
son objet : en d'autres termes, pour atteindre à ce
principe, elle devait s'élever à la notion de l'esprit.
Aussi longtemps que la pensée, se séparant d'elle-
même, cherchait un principe hors d'elle-même, elle
ne trouvait que de simples représentations de son
objet, et par cela même elle ne pouvait s'affranchir
de la dualité. Mais du moment où elle s'est saisie
elle-même et qu'elle a saisi sa nature véritable, l'unité
a été fondée, parce qu'elle s'est reconnue comme principe générateur du monde subjectif et du monde objectif, de l'intelligence et de l'intelligible. L'histoire et
d'une façon spéciale l'histoire de la philosophie représentent la succession des efforts et des tentatives de

l'humanité pour s'élever à la conception de l'esprit comme principe qui peut seul rendre raison de l'unité de l'univers (1).

La science telle qu'elle a été conçue par la Scolastique est une dualité. Elle partage l'être et la réalité en deux. Elle considère le monde suprasensible comme absolument séparé du monde de l'histoire. Dès la Renaissance, la philosophie commence à réagir contre cette conception scolastique, et à chercher l'unité ou la conciliation du fini et de l'infini, de l'histoire et de l'absolu ; et le développement de la pensée a aujourd'hui atteint ce point où l'absolu n'apparaît plus comme placé hors de l'histoire, mais dans l'histoire, et où par conséquent l'histoire et tout ce qui la compose ne sont plus que des moments, que des manifestations de l'absolue existence. Il est aisé de voir l'importance de ce point de vue, car c'est cette union qui détermine la valeur de l'histoire et de la science elle-même, ni l'histoire ni la science n'ayant une valeur réelle qu'autant qu'on admet que ce sont des manifestations de l'absolu. Par conséquent, ce nouveau point de vue, qui a commencé avec la Renaissance, a fait descendre le monde abstrait et indéterminé de la Scolastique dans l'histoire, et il a communiqué à cette dernière une signification nouvelle et plus profonde. Si maintenant de ce point de vue nous jetons un coup d'œil sur le développement ultérieur de la pensée, développement qui constitue précisément la philosophie moderne, nous pour-

(1) Voyez, sur ce point, *Philosophie de l'esprit* de Hégel, et *Introduction à cette philosophie*, par M. Véra, vol. I.

rons y distinguer trois moments, dont les deux premiers représentent deux directions opposées de la pensée, et le troisième leur conciliation, c'est-à-dire le moment où se combinent les deux moments précédents. Le premier moment nous pourrons l'appeler *Réalisme* (1), le second nous pourrons le désigner par le nom d'*Idéalisme abstrait*, et le troisième par celui d'*Idéalisme absolu*.

Le point de vue fondamental du *Réalisme* est, pour le résumer en peu de mots, que l'expérience physique ou externe, ainsi que l'expérience de la conscience ou interne est le fondement de toute connaissance, et non-seulement de toute connaissance, mais de toute réalité ; de telle façon que tout ce qui dépasse les limites de l'expérience dépasse les limites de la réalité et de la connaissance. Toutefois, le Réalisme poussé par une nécessité absolue, qui est la nécessité même de l'intelligence, admet qu'avec cet ensemble et, si nous pou- ainsi dire, sur ce substrat de faits on peut construire un certain monde idéal, le monde des principes. Le fait constituerait le point de départ et le critérium de la pensée et de la réalité, et les principes ne seraient que la résultante des faits. En face de ce point de vue nous trouvons l'autre, celui que nous avons appelé du nom d'*Idéalisme abstrait*. Cet Idéalisme part de certaines notions qu'il appelle notions *à priori*, notions abstraites et indéterminées, qu'il ne déduit pas systématique-

---

(1) Comme on peut le voir, le mot *réalisme* a ici une signification spéciale qu'il ne faut pas confondre avec celle qu'on lui donne lors-qu'on l'emploie pour désigner la fameuse doctrine des philosophes du moyen âge, qui, en opposition aux *nominalistes*, reconnaissaient une existence objective, une entité aux idées. (Voyez plus loin, p. 70.)

ment, qu'il prend en quelque sorte au hasard, qu'il
ne lie que d'une façon arbitraire et extérieure, et
dont il ne sait par cela même définir la nature et la
fonction. Quelle que soit cependant la différence de
ces deux doctrines, il ne faudrait pas se les représenter comme partant de deux points de vue absolument opposés et étrangers l'un à l'autre, mais, au
contraire, comme venant se rencontrer dans un point
commun. Et en effet, si pour l'Idéalisme la pensée est
le point de départ, elle est le point d'arrivée pour le
Réalisme ; de telle sorte que la pensée fait l'unité de
ces deux doctrines, qui, d'après cela, ne différeraient
que par la méthode. Maintenant, si nous nous rendons compte de ce rapport de ces deux directions
de la pensée, nous pourrons voir comment ces directions, parvenues à leur plus haut degré de développement, devaient se fondre toutes deux dans un principe
plus large et plus concret, dans un principe qui pût
les contenir et les concilier. Il fallait pour cela s'élever
à la conception déterminée de ce principe, qui existait
déjà sous une forme indéterminée et qui contenait
virtuellement ce rapport et cette conciliation. Car en
dehors de cette conciliation, il n'y avait qu'à reconnaître l'impuissance de la pensée devant l'opposition,
et par suite son impuissance à atteindre à la vérité.
C'est ce qui explique la nécessité idéale du troisième
moment que nous avons désigné par le nom d'*Idéalisme absolu*. Ici l'esprit se replie sur lui-même et se
reconnaît comme principe commun et comme substance commune de l'Idéalisme et du Réalisme. Cette

2.

unification, en effet, de ces deux doctrines, ne peut
s'accomplir que lorsque l'esprit a pénétré dans les pro-
fondeurs de sa nature, et qu'il se pense comme principe
absolu de la connaissance et de l'être, c'est-à-dire
comme idée absolue, ce que ni l'Idéalisme, ni le Réalisme n'avaient pu accomplir. Ce point culminant qui
est l'idéal même de la science fait l'unité du développement de la philosophie allemande, et en détermine
en même temps les divers degrés. Il est à peine besoin
de rappeler que par idéalisme absolu, nous entendons
la doctrine de Hégel qui proclame l'idée comme principe absolu des choses. C'est cependant Kant celui qui
ferme la période précédente, celle du Réalisme et de
l'Idéalisme abstrait, et qui fait le point de départ du nouveau développement de la pensée, développement qui,
comme nous venons de l'indiquer, aboutit à l'Idéalisme
absolu. On peut dire, en effet, que la philosophie allemande de Kant à Hégel marque, en passant par Fichte
et par Schelling, comme autant d'évolutions d'une seule
et même pensée, de cette pensée qui pense l'unité,
mais l'unité qui contient les oppositions et la conciliation des oppositions, en d'autres termes, qui pense
l'unité concrète et systématique. Si nous considérons
la philosophie de Kant, nous y trouverons, d'un côté,
la plus haute affirmation des deux moments précédents
et opposés de la pensée, et, d'un autre côté, leur négation, et en un certain sens leur conciliation ou, pour
parler avec plus de précision, les germes de leur conciliation. Et en effet, en reconnaissant que dans toute
activité intellectuelle entrent comme éléments essen-

tiels la pensée pure ou l'universel et le phénomène,
Kant reconnaît de la façon la plus explicite la nécessité
de l'opposition, c'est-à-dire du principe idéaliste et du
principe réaliste, et par cela même il nie la position
exclusive et isolée de tous les deux. Et bien qu'il ne
se soit pas élevé à l'unité, et que là même où on le
croirait sur le point de l'atteindre, dans sa *Théorie du
jugement* voulons-nous dire, il retombe dans son point
de vue subjectif, et partant dans la dualité, cependant
on voit que sa pensée est constamment occupée non-
seulement à chercher les contraires, mais à montrer
la nécessité de leur coexistence : de sorte qu'on peut
dire qu'il pose le problème de l'unité de la science
comme on doit le poser, et qu'il indique la voie sur
laquelle on peut en trouver la solution. Ainsi, si d'un
côté la philosophie de Kant offre un aspect sceptique et
négatif, elle offre de l'autre un aspect positif, et elle est
le point de départ d'un grand et nouveau mouvement.

Maintenant, si nous considérons cette nécessité historique et idéale, qui a déterminé l'apparition de la
philosophie de Kant, nous verrons que lors même que
Galluppi n'aurait pas pu entendre et s'approprier le
mouvement entier de la philosophie allemande, il aurait dû au moins entendre le point de vue de Kant, ce
qui ne pouvait suffire sans doute pour le placer au sein
même de ce mouvement, et pour lui en faire saisir
la portée; mais il aurait pu du moins se mettre par là
sur la voie de la réalité et de l'histoire, et donner peut-
être une forte impulsion à la pensée italienne. Mais
Galluppi ignore le mouvement de la philosophie alle-

mande, et au fond il y reste complétement étranger.
Relativement au kantisme, il n'en entend pas le point
de vue, et il en méconnaît l'importance, et l'on peut
se former une idée de la valeur de la critique qu'il en
fait par ce mot, que *le criticisme de Kant, étant à la fois
dogmatique et sceptique, est absurde.*

Ceci montre déjà combien la pensée et la philosophie
de Galluppi sont inférieures à leur temps, et ne répon-
dent point aux nouveaux besoins de l'esprit. Et ici on
peut également voir combien est superficiel ce rapprochement qu'on a voulu établir entre Kant et Galluppi,
par la raison qu'ils ont tous les deux décomposé la
faculté de connaître. La décomposition de Galluppi
n'est qu'une décomposition artificielle, extérieure et
accidentelle, une décomposition faite à la manière de
la psychologie française et écossaise, tandis que l'œuvre de Kant, outre qu'elle embrasse le champ entier
du savoir, ne perd jamais de vue les principes suprêmes
des êtres et l'unité.

Mais ce n'est pas seulement la philosophie allemande
qu'ignore Galluppi : la philosophie grecque, et en
général toute la philosophie antérieure à Descartes
lui sont également inconnues ; de sorte qu'il ne connaît de l'histoire de la philosophie que la période qui
s'étend de Descartes à Kant. On conçoit d'après cela
comment le sens et l'importance de l'histoire de la
philosophie devaient lui échapper. Or s'il est vrai,
ainsi que nous l'avons fait observer, que l'histoire de
la philosophie doive entrer comme élément essentiel
dans la formation et dans le développement d'une

véritable doctrine philosophique, et qu'une philosophie qui ne remplit pas cette condition mérite à peine
le nom de philosophie, et de toute façon ce ne peut
être qu'une philosophie fort incomplète, cette ignorance de la philosophie de l'histoire devait isoler Galluppi et le jeter hors de la réalité et du développement
universel de la pensée, et par suite le conduire à une
doctrine antihistorique, incomplète et fausse. Pour
justifier ces remarques préliminaires, nous allons entrer dans quelques considérations plus détaillées sur
cette doctrine.

Le problème de la science se réduit pour Galluppi
au problème de la connaissance. C'est, en effet, le seul
problème qu'il se pose. Mais même de ce problème il
n'entend pas la vraie signification et la portée, et il
croit en pouvoir trouver la solution dans une recherche
psychologique, formelle et abstraite des facultés intellectuelles. Il n'a pas la conscience de la nouvelle direction de la pensée, qui veut unifier le sujet et l'objet,
et il se pose comme un sujet qui a bien devant lui
un objet, mais un objet qui lui demeure extérieur,
et que par cela même il ne peut atteindre. Suivant
Galluppi, le seul moyen de mettre un terme aux dis-
putes qui accompagnent la critique de nos connaissances consisterait précisément à entreprendre une
analyse exacte des facultés de l'esprit humain. Il
montre par là qu'il ignore que le véritable problème
de la science, le problème tel que Kant l'avait posé,
n'est pas un problème psychologique, un problème
d'analyse et de différence, mais de synthèse et d'unité,

de cette unité qui enveloppe le sujet et l'objet, la
notion et la réalité. Kant, nous l'avons dit, est celui
qui le premier ait compris cette nécessité idéale de la
pensée. Nous nous bornerons à rappeler à ce sujet ses
jugements synthétiques *à priori*, qui sont comme l'expression la plus directe de l'unité synthétique, transcendante ou *à priori*, telle qu'il l'a conçue. Quelle est
en effet la signification du jugement synthétique *à
priori* ? C'est que le sujet et l'objet viennent se joindre
et s'identifier dans une seule et même unité. Le jugement synthétique *à priori* est comme un pressentiment
et une première intuition de la conciliation des contraires et de l'unification de la logique et de la nature
dans l'esprit. Ce n'en est, disons-nous, qu'une première
intuition par là même que la pensée de Kant, nous
l'avons aussi fait remarquer, ne franchit pas le point
de vue subjectif, et qu'elle pose la contradiction sans
pouvoir la concilier ; mais elle n'en a pas moins d'importance et elle n'en influe pas moins sur la nouvelle
direction de la philosophie. Or Galluppi, par cela
même qu'il n'entend pas le véritable problème de la
science, n'entend ni l'importance de la philosophie de
Kant en général, ni l'importance du jugement synthétique en particulier ; et tous les efforts de sa critique,
d'ailleurs fort superficielle, n'ont d'autre objet que de
montrer que la philosophie de Kant est remplie de contradictions, et qu'il n'y a pas de jugement synthétique
à priori. C'est là le côté critique de sa philosophie.

Quant à la philosophie elle-même, pendant qu'il la
définit la science de la pensée humaine, et qu'il y fait

entrer la logique, la métaphysique, la morale et la
physique, au fond il la réduit à une espèce de psychologie où il considère la logique, les diverses facultés de l'esprit humain et les idées d'un point de vue
exclusivement subjectif et empirique. La sensibilité
externe se joignant à la sensibilité interne, voilà le
fondement de l'édifice philosophique de Galluppi. La
sensibilité nous fournit l'objet : la sensation est ce qui
naît en nous à la suite d'un certain mouvement produit par nos sens, et qui se distingue de ce mouvement. Elle est par sa nature objective : c'est la perception d'un objet, extérieur au sujet qui sent. La
sensibilité externe engendre la sensibilité interne. La
sensibilité interne, c'est la conscience ou le sens intime. On appelle *fait interne* ce qui est perçu par la
conscience, et *fait externe* ce qui est perçu par l'intermédiaire des sens externes. La volonté est le principe
de toutes nos actions. La connaissance, à laquelle
vient se joindre l'existence d'un objet connu, c'est la
connaissance réelle. Donc la connaissance expérimentale est la seule connaissance réelle. Il ne faut pas, par
conséquent, confondre la perception expérimentale
avec la perception intellectuelle (*intellettiva*). La perception intellectuelle n'a pas de réalité objective, et le
philosophe doit procéder par voie d'expérience, à la
différence du géomètre qui procède *à priori*. Les idées
viennent de l'expérience : elles sont le résultat de la
perception ; d'où il suit que la question de l'origine des
idées est une question oiseuse, et que Locke a eu tort
de s'en occuper. L'idée est la simple pensée d'un

objet. Les idées essentielles sont celles que l'usage de l'analyse et de la synthèse développe naturellement du moi qui sent un non-moi (*un fuor di me*). Il y a des idées universelles qui sont le produit de la faculté d'abstraire. L'universel est, par conséquent, un résultat, et il n'existe pas avant l'acte de l'intelligence. Il est engendré par l'intelligence, et il n'est rien hors de l'intelligence. Les vérités primitives et métaphysiques elles-mêmes peuvent être considérées comme des vérités expérimentales, en ce sens qu'elles nous sont révélées par l'expérience interne et par l'acte indivisible de la conscience. Les vérités métaphysiques sont celles que l'esprit acquiert en comparant les idées, et comme les idées viennent des sens, les vérités métaphysiques elles-mêmes sont le résultat de la méthode analytique et expérimentale, laquelle est aussi la méthode d'invention. En d'autres termes, il n'y a pas, strictement parlant, d'idées que l'esprit trouve comme existant de toutes pièces en lui. C'est la connaissance du particulier qui conduit à la connaissance du général, et, par conséquent, la méthode analytique est la seule méthode par laquelle on puisse découvrir la vérité : la méthode synthétique ne peut servir qu'à la faire connaître aux autres. Il faut cependant admettre l'unité métaphysique du moi pensant. La réalité de ce moi, il faut l'admettre comme une vérité de fait. L'existence du moi est une vérité indémontrable, et qui est donnée par l'expérience interne. Les opérations de notre esprit commencent par la perception du moi : elles ne commencent pas par un jugement sur le moi. La conscience d'une sensation quelconque est inséparable de la conscience du moi. L'unité originaire de l'esprit, ou la conscience, ou le sens intime, est cette puissance qu'a l'âme de se percevoir elle-même et de percevoir ses modifications. Les facultés de l'esprit sont la sensibilité, la conscience, l'imagination, l'analyse, la synthèse, le désir, la volonté. Les trois premières fournissent les objets à la pensée; la quatrième les divise, la cinquième les recompose, tandis que la volonté, mue par le désir, dirige les opérations de l'analyse et de la synthèse. Pour que ces opérations soient exécutées d'une façon normale, il faut certaines règles déterminées. La logique nous enseigne les formes suivant lesquelles nous devons combiner et ordonner nos connaissances; et la logique est la science du raisonnement. Cependant nos jugements ne sont pas tous fondés sur le raisonnement, mais il y en a qui ont leur source dans la conscience, dans le sens externe, dans l'autorité, dans l'évidence et dans la mémoire. Mais ils peuvent tous se ramener à ces deux sources, la conscience et l'évidence. Il faut même dire que l'évidence est une source immédiate de jugements, aboutissant elle aussi à la conscience; de telle sorte que toutes nos connaissances reposent en dernière analyse sur la conscience. L'esprit est apte à connaître certaines vérités : il connaît sa propre existence par la conscience qu'il a de lui-même; il connaît l'existence des corps qui l'entourent par le moyen des sensations; il connaît l'existence de Dieu par le raisonnement. En effet, en posant l'Absolu,

on ne pose pas le moi ; mais en posant le moi on pose
l'Absolu ; ce qui veut dire, suivant Galluppi, que le
moi est, non parce que l'Absolu est, mais parce que
l'Absolu le fait être, lequel acte s'appelle création.
Toutefois, en disant que l'esprit ou l'âme est une
force pensante, nous ne voulons pas dire que la nature
intime de cette force nous est connue, car elle nous
est inconnue, comme nous sont également inconnues
l'essence des corps et leurs propriétés absolues. Enfin,
la nature divine est également incompréhensible, et ce
qu'on peut dire de Dieu c'est qu'il est, mais on ne saurait dire ce qu'il est. Malgré cela Galluppi finit par
dire que Dieu est l'Être suprême et créateur, en accom-
pagnant, bien entendu, la création du catéchisme,
c'est-à-dire de la révélation, des miracles, des prophé-
ties, de l'état de grâce, du paradis, de l'Église et du
pape son chef visible.

Ce sont là les points saillants de la philosophie de
Galluppi. On voit que le principe déterminant et le
critérium de cette philosophie est la conscience, mais
la conscience empirique à la façon de Locke et des
Écossais. On y rencontre, il est vrai, de temps à
autre, des objections contre la philosophie de Locke,
mais l'identité de leur point de vue fondamental n'en
subsiste pas moins. Et, en effet, suivant Galluppi, tout
part de la conscience empirique et tout doit y tomber
pour qu'il existe pour nous ; de sorte que tout ce qui
est en dehors de ces limites, c'est comme s'il n'existait point pour nous. Il est vrai que, par une inconséquence qu'il n'est pas rare de rencontrer chez lui,

Galluppi se représente la conscience comme une sorte d'unité primitive et supérieure à l'expérience; mais cette unité n'est au fond par elle-même qu'une simple virtualité, une forme vide, une sorte de *tabula rasa*, qui se borne à recevoir et à percevoir les impressions externes, lesquelles y engendrent un contenu. Ainsi les perceptions de la conscience sont des faits d'expérience, et tout ce qui a lieu dans la conscience est un produit empirique. D'après cela, il est naturel que pour Galluppi l'expérience soit le principe des idées et de la vérité en général. Bien que ce point de vue ait été souvent examiné, et que la question soit en quelque sorte épuisée, nous croyons cependant devoir ici brièvement la reprendre, d'autant plus que ce point de vue a reparu de nos jours sous d'autres noms, sous les noms, voulons-nous dire, de positivisme et de naturalisme.

Nous ferons d'abord remarquer que lors même que l'idée ne serait qu'un élément subjectif, mais tel que sans lui l'intelligence ne puisse exercer son activité, l'idée ne saurait en aucune façon être le produit de l'expérience, mais elle doit préexister à toute expérience, par cela même qu'elle en est la condition indispensable. Mais lorsqu'on examine attentivement la question, on voit que les idées, loin d'être des éléments purement subjectifs, sont au contraire des réalités objectives et absolument indépendantes de l'état subjectif de la conscience. De ce que j'ignore les lois de l'organisme, il ne suit nullement que ces lois n'existent pas, et que ce ne sont pas elles qui font l'orga-

nisme, de même qu'il serait absurde de conclure que
les fonctions digestives ne sont pas réglées par des lois,
parce que ces lois me sont inconnues. Ce n'est pas
l'acte de la conscience qui peut donner naissance à
l'idée, parce que lors même qu'on admettrait que la
conscience et l'acte de la conscience sont une condition de la production de l'idée, ils n'en seraient qu'une
condition, mais ils ne seraient pas l'idée, et par suite
ce ne seraient pas eux qui pourraient engendrer l'idée.
L'idée, en tant qu'idée, existe indépendamment de la
conscience. La constitution de la conscience elle-
même, c'est-à-dire son idée, est antérieure et supérieure à cette perception, à cet acte, d'où l'on prétend
déduire la conscience et tout ce qu'elle contient. Mais
la fausseté de cette doctrine qui prétend que les idées
n'existent qu'autant qu'elles sont perçues, et qu'elles
n'ont pas de réalité hors de la perception, deviendra
manifeste en considérant même la question du point
de vue psychologique, qui est le point de vue de Galluppi, si l'on fait attention que ces idées, qui seraient
formées par nous, ne pourraient l'être s'il n'y avait pas
en nous un élément virtuel qui rendît possible l'acte
de la perception. Nous disons *élément virtuel* pour nous
placer au point de vue de la doctrine que nous com-
battons et pour en faire ressortir davantage les défauts, car il ne faudrait pas se représenter l'idée comme
une simple virtualité, mais tout au contraire comme
une réalité actuelle, qui non-seulement rend possible,
mais engendre la perception et son contenu.

Sans doute, on ne doit pas rejeter absolument l'ex-

périence, puisque l'expérience est une partie du tout.
La philosophie de Locke, comme celles de Bacon et
de Condillac, jouent un rôle dans le tout et dans l'histoire de la philosophie. Et Galluppi, en proclamant
l'expérience, proclame un principe qu'on peut admettre dans de certaines limites, mais qui devient absolument faux, lorsqu'on veut l'ériger en principe de la
science. Qu'est-ce en effet que l'expérience? On peut
dire que, en un certain sens, tout tombe dans les
limites de l'expérience, soit interne soit externe, car
non-seulement la lumière et le son, mais le vrai et
l'infini lui-même peuvent être sentis. Mais ce n'est là
qu'un moment, et le moment le plus obscur, le plus
élémentaire, le plus immédiat, et qui ne constitue en
aucune façon la science. Tout au contraire, il faut
nier et annuler ce moment pour entrer dans la sphère
de la science. Et ceci s'applique, nous le répétons, à
toutes choses. Qu'on éprouve la sensation de la lumière
ou qu'on ait le sentiment de l'infini, aussi longtemps
que la pensée n'a pas franchi ces limites, et qu'elle n'a
pas supprimé l'élément sensible en s'élevant à l'idée,
elle demeure hors de la sphère de la science. C'est que
le fait n'est que le fait; et le fait on pourra l'étendre,
le combiner et le torturer de toutes les façons, il ne
donnera que lui-même, c'est-à-dire il ne donnera pas
la science, car la science n'est pas la connaissance des
faits et du particulier, mais la connaissance des principes et de l'universel. Lors même que l'intelligence
aurait besoin à chaque instant, et dans toutes ses
opérations, du concours de l'expérience, si elle ne

possède pas ce degré d'indépendance, de liberté et
d'énergie qui la place au-dessus du fait et de l'expérience, elle ne pourra jamais s'élever à la science.
J'aurais devant moi tous les phénomènes lumineux,
que je ne posséderais pas encore le principe de la
lumière. Ce principe dépasse donc tous ses phénomènes, ce qui veut dire qu'il y a une sphère supérieure à l'expérience, où l'esprit doit librement se
mouvoir pour construire la science. Et, en effet, ou il
y a un point où l'objet de la connaissance et la pensée
qui pense cet objet, se joignent et s'identifient, ou
bien ce point n'existe pas. S'il n'existe pas, la science
est impossible. Mais s'il existe, l'esprit, en s'élevant à
ce point, se place au-dessus de l'expérience. L'expérience n'est qu'un exercice pour l'intelligence : elle
prépare l'intelligence ou, pour mieux dire, semble
la préparer pour entrer dans la sphère de la science.
En disant, en effet, que l'expérience est une préparation à la science, nous avons accordé à l'expérience
plus que nous n'entendons lui accorder, et nous avons
fait cette concession pour faciliter l'exposition de
notre pensée. Car, d'abord, on peut dire de l'expérience qu'en tant que simple expérience elle éloigne
plutôt de la science qu'elle n'y conduit, par cela même
que l'expérience ce sont les faits, le contingent et l'accident. Ensuite, ce n'est que lorsqu'on se place à un
point de vue extérieur et subjectif qu'on accorde cette
importance à l'expérience; car lorsqu'on se place au
point de vue objectif, ou, si l'on veut, au point de vue
de la réalité des choses, qui est le véritable point de

vue de la science, on se demande qu'est-ce qui fait l'expérience et les choses de l'expérience? Or si l'expérience vient de quelque chose, c'est-à-dire d'un principe, c'est précisément par ce principe qui fait l'objet de la science que l'expérience est engendrée. L'idée et la pensée sont donc dans l'expérience, et c'est précisément parce que l'idée est sous une certaine forme dans l'expérience qu'elle efface l'expérience en l'élevant jusqu'à elle en tant qu'idée. On voit par là que la science est l'œuvre de l'esprit, et de l'esprit seul, et si elle n'est pas dans l'esprit, rien ne saurait l'y engendrer (1).

Tel est le point de vue fondamental de la philosophie de Galluppi : tel est le défaut qui la rend insuffisante, qu'on la considère soit du point de vue historique, soit du point de vue spéculatif.

Ayant démontré la fausseté du point de vue fondamental de cette philosophie, il est en quelque sorte superflu d'en examiner les détails, car si parmi les détails il y en a qui contiennent quelque vérité, ils ne peuvent la contenir que fortuitement. Et en effet on peut observer, dans les quelques traits de la doctrine de Galluppi que nous avons indiqués, un autre défaut également radical : c'est que Galluppi prend les di-

____

(1) C'est là ce qu'a voulu démontrer Hégel dans sa *Phénoménologie de l'esprit*, car Hégel a voulu y démontrer non-seulement comment l'esprit s'élève par des évolutions successives à travers les différents moments ou formes de la conscience à la science véritable, à l'idée ; mais comment l'idée descend et existe dans ses formes, ou, pour parler avec plus de précision, comment elle pose ses formes et les efface tout à la fois.

vers éléments dont il se sert pour composer sa doctrine d'une façon extérieure, comme au hasard et suivant le besoin, sans montrer d'où il les tire et sans les déterminer. Ainsi d'où tire-t-il l'unité synthétique et originaire du moi? Pour lui, cette unité est un fait qu'il admet comme une vérité indémontrable. Si le fait est la seule et la plus haute réalité, il va sans dire que le moi est indémontrable. Et si cette unité est, comme le prétend Galluppi, un on ne sait quoi vide de tout contenu et de tout être objectif, il va sans dire aussi qu'on ne peut savoir ce qu'est cette unité. Si les idées sont un produit de l'activité de l'intelligence, et si elles ne sont rien hors de cette activité, à quoi bon parler de science et de métaphysique? La métaphysique est précisément la connaissance des principes réels et objectifs des choses, et ces principes ne peuvent être que les idées ou les universaux, comme les appelle Galluppi, d'après les scolastiques. Si tel n'est pas l'objet de la métaphysique, la métaphysique n'est qu'un pur mot, *flatus vocis*, et la science n'est qu'un jeu. Les idées se forment, suivant Galluppi, mais on conçoit aussi qu'elles puissent ne pas se former. Et puis, si les idées viennent à la suite de la connaissance sensible, si cette connaissance subsiste sans les idées, et si l'on va jusqu'à dire qu'elle est la seule connaissance, à quoi servent les idées, et à quoi bon s'en occuper? On voit par là que du point de vue de Galluppi à celui de Kant il y a un abîme. En outre, si la sensibilité nous donne les sensations, pendant que la conscience est la faculté d'abstraire et de former les idées, et si les premières, c'est-à-dire les sensations, ont une réalité objective, pendant que les idées ne sont rien hors de l'activité de l'esprit, comment rapproche-t-on la conscience et la sensibilité et les unit-on comme si elles appartenaient à une seule et même sphère? Et si la vraie connaissance est la connaissance par les sens, comment se fait-il que je connais le moi par la conscience, et Dieu par le raisonnement? Comment se fait-il qu'en posant le moi on pose l'Absolu, et qu'en posant l'Absolu on ne pose pas le moi? S'il y a un rapport entre ces deux termes, le rapport doit être réciproque. Et puis si l'idée est le résultat de l'expérience, d'où vient la pensée de Dieu? Et sur quoi se fonde-t-on lorsqu'on prétend que nous savons que Dieu est, mais que nous ne savons pas ce qu'il est? Car penser l'existence de Dieu, c'est déjà penser un être *sui generis*, qui comme tel se distingue de tous les autres, et partant c'est penser plus que sa simple existence. Enfin si nous ne pouvons rien affirmer de la nature divine, de quel droit et en vertu de quel principe nous parle-t-on, comme le fait Galluppi, d'un Dieu créateur. Et si l'essence des choses nous échappe, à quoi bon parler de vérité, de science et de philosophie? Nous n'insisterons pas davantage sur les inconséquences et les impossibilités dans lesquelles est tombé Galluppi, d'autant plus que ces inconséquences et ces impossibilités nous les verrons reparaître dans les doctrines suivantes, et que nous aurons ainsi l'occasion de les mettre dans un jour plus complet.

CHAPITRE III

Antoine Rosmini-Serbati naquit à Rovereto d'une famille patricienne, le 25 mars 1797. Bien qu'il eût hérité un riche patrimoine, étant naturellement disposé à la piété, il se fit prêtre. Mais ce n'est pas tant son caractère de prêtre que celui d'homme honnête et intègre qu'il faut admirer en lui, quoiqu'on doive regretter que comme piétiste et catholique il ait montré un esprit exclusif et intolérant. Après les événements de 1848, il fut envoyé, sous le ministère Casati, par le gouvernement piémontais, en qualité de légat à Rome pour amener un rapprochement entre la cour de Rome et le Piémont. A Rome on lui promit le chapeau de cardinal, mais la promesse ne fut jamais remplie. Il fonda un nouvel ordre religieux appelé des *Prêtres de la Charité*. C'est le désir de donner une base pratique à son enseignement qui lui fit adopter, comme moyen propre à réaliser ce but, l'idée de fonder une association religieuse, contribuant ainsi à alimenter une plaie malheureusement déjà trop profonde en Italie. Il mourut dans les premiers jours du mois de juin 1855 à Stresa, sur le lac Majeur, dans la maison où s'était réunie la nouvelle famille dont il avait été le chef.

Rosmini joignit à une intelligence rare et élevée une activité et une habitude de travail extraordinaire. Ses écrits sont très-nombreux, et ils roulent sur des sujets les plus variés. Mais son but principal, on peut dire unique, celui vers lequel il a dirigé tous ses efforts, a été la réforme de la philosophie. Rosmini s'est proposé de combattre le sensualisme et le scepticisme, en recherchant l'origine et la nature de nos connaissances. Ainsi le livre qui a fait surtout sa renommée de philosophe, c'est le *Nouvel essai sur l'origine des idées* (*Nuovo saggio sopra l'origine delle idee*), publié à Rome en 1830. Ce livre, avec sa *Logique* qui en est le complément, contient la notion fondamentale que Rosmini s'est formée de la science, et l'on y découvre les germes de tous ses autres écrits. En d'autres termes, l'*Idéologie* est la base de l'édifice scientifique élevé par Rosmini. L'*Idéologie*, dit Rosmini, est la science de la lumière intellectuelle, par laquelle l'homme rend intelligibles à lui-même les choses sensibles, et d'où il tire tout le savoir. Maintenant cette réforme de la philosophie l'a-t-il réalisée? Les moyens intellectuels et matériaux dont il disposait auraient dû le mettre à même, plus que tout autre peut-être, d'atteindre ce but. Mais notre avis est que, dans le fait, sa tentative, loin d'accomplir une réforme philosophique, part, comme celle de Galluppi, d'un point de vue antihistorique, et qu'elle s'épuise en vains efforts pour raviver une pensée éteinte. C'est ce qui nous conduit d'abord à examiner s'il y a un rapport entre Rosmini et Galluppi.

En rapprochant ces deux philosophes, on remarque

d'abord que le style et le langage philosophiques de Rosmini diffèrent du style et du langage de Galluppi. La simplicité et le naturel de Galluppi ont disparu chez Rosmini qui est minutieux et diffus, et polit avec un soin exagéré son langage, ce qui rend la marche de sa pensée difficile et embarrassée, et l'engage dans un dédale de détails infinis et de subtilités scolastiques. Mais, par contre, la pensée de Rosmini est de beaucoup supérieure à celle de Galluppi : elle est plus vaste et plus complète. Rosmini connaît mieux l'histoire de la philosophie; du moins en possède-t-il le matériel, car, quant au fond, il n'en saisit pas la signification et la valeur. Le mouvement de la philosophie allemande ne lui est pas inconnu, quoique l'importance de ce mouvement lui échappe aussi. Il se fait une notion plus large et plus adéquate de la philosophie, et il a comme une certaine intuition de son unité, de sorte que, en partant de cette intuition, il cherche à construire une doctrine où il fait entrer, outre la partie spéculative, la morale, la politique, le droit et la pédagogie. C'est ainsi que, dans son livre sur la *Philosophie du droit*, il tâche de donner une base rationnelle à certaines théories libérales. Sous ce rapport, on peut dire qu'il y a progrès de Galluppi à Rosmini.

Mais d'abord ce progrès est-il le résultat d'un rapport de filiation entre les doctrines de ces deux philosophes? Un rapport véritable, un rapport dans le sens historique et philosophique implique un développement idéal et nécessaire, la génération d'un terme par un autre, et le passage d'une doctrine à l'autre déterminé par la nature intrinsèque de la pensée philosophique. Or ce rapport n'existe pas entre Galluppi et Rosmini. Rosmini ne reprend ni ne continue le point de vue de Galluppi, comme il ne développe pas non plus ce qui était virtuellement contenu dans la doctrine de ce dernier. Le seul point de contact qu'il y ait entre eux est le problème de la connaissance. Et comment en serait-il autrement? Le problème de la connaissance est un des problèmes fondamentaux de la philosophie, un problème où toutes les doctrines philosophiques trouvent un terrain commun, et viennent se mettre en contact. Seulement on peut dire que cette espèce de contact est plus direct et plus immédiat entre Galluppi et Rosmini, en ce qu'ils ont tous les deux porté leur attention sur le point de vue de Kant. Ceci nous amène à rechercher le rapport de la philosophie de Rosmini avec le mouvement universel de la pensée philosophique.

En considérant la doctrine de Rosmini du point de vue du développement et de l'histoire de la philosophie, on pourra aisément y découvrir le même défaut que nous avons déjà rencontré dans celle de Galluppi, c'est-à-dire que Rosmini y prend une position antihistorique. Le nouveau problème de la science, tel qu'il avait été posé, était, nous l'avons vu, celui de l'unité. C'est Kant, nous le disons encore, qui l'avait posé, mais qui n'avait pas pu le résoudre. Comment le sensible devient-il l'intelligible, comment l'objet devient-il le sujet, comment en

d'autres termes, la science est-elle l'unité de la connaissance et de l'être? C'était là le nouveau problème
fondamental que la science s'était posé, comprenant
que si l'on ne parvient pas à le résoudre, et à le résoudre en entendant et en démontrant cette identité,
cette unité concrète des choses, il ne saurait y avoir
de science véritable, par cela même que la dualité subsiste. C'était, disons-nous, le nouveau problème de la
science, en ce sens que Kant l'avait posé d'une manière
explicite. Mais c'est au fond le problème éternel de la
raison, c'est comme le pivot autour duquel tourne la
pensée de l'humanité ; car c'est l'esprit qui a posé ce
problème, ou, pour mieux dire, ce problème est dans
l'esprit, et c'est par cela même dans l'esprit qu'on doit
en chercher la solution. C'est en vain qu'on se flatte
de la trouver hors de l'esprit : il faut s'élever à la conception de l'esprit et de la pensée pour reconnaître ce
principe auquel, suivant l'expression d'Aristote, le
ciel et la nature entière sont suspendus. Le moment
de l'être et de la manifestation extérieurs et sensibles
est nécessaire, mais subordonné : nécessaire, parce
qu'il constitue une partie du tout, et qu'il faut s'em-
parer aussi de cette partie ; mais subordonné, parce
que ce n'est pas en lui, mais dans l'esprit que réside la
forme véritable, et par suite aussi le véritable contenu
de l'être et de la réalité. Il faut donc s'élever à la conception de l'esprit. C'est ce que Hégel avait déjà
accompli, lorsque Rosmini élaborait sa doctrine. Pour
Hégel, en effet, l'esprit est le principe, l'idée absolue
où la logique et la nature, c'est-à-dire toutes choses,

trouvent leur unité. Or, on pourrait croire que Rosmini
a vu ce problème fondamental et décisif de la science;
on pourrait croire qu'il s'est rendu compte de ce qui
avait échappé à Galluppi, de la nécessité, voulons-nous
dire, de découvrir un passage de l'être à la pensée.
Mais loin d'entendre cette nécessité, il ne voit même
pas que la question avait été résolue, et il croit, au
contraire, devoir repousser les derniers résultats de la
spéculation, résultats auxquels la pensée était parvenue
à travers des développements intrinsèques et nécessaires, et recourir, pour résoudre le problème, à une
construction tout à fait arbitraire et artificielle. Rosmini
échoue dans sa tentative précisément parce que, comme
nous allons le voir, il cherche la solution du problème
dans un principe autre que l'esprit. C'est ainsi qu'il
méconnaît l'importance et la nécessité idéale de l'histoire de la philosophie. C'est ainsi qu'il se borne à faire
une critique superficielle de Kant, de Fichte, de Schelling et de Hégel, en représentant en outre le système
de ce dernier comme absurde, fantastique et impie (1).
Et obéissant à ses vues particulières et à ses sympathies individuelles, aveugle devant la lumière de cette
nécessité qui avait engendré des doctrines devenues
déjà en quelque sorte le patrimoine commun de l'esprit, il s'efforce de ressusciter la pensée et la philoso-

(1) Il dit de Hégel : « On explique la célébrité de cet homme.
C'est une de ces nombreuses célébrités qui sont sorties des salles des
universités ; ce sont des couronnes tressées par les mains de la jeunesse candide. » Ces quelques paroles suffisent pour montrer ce que
vaut sa critique.

phie scolastiques en les animant de sa pensée qui, quoique inférieure à celle de son temps, ne pouvait cependant ne pas en ressentir une certaine influence. Suivant ses propres paroles, sa philosophie est la philosophie du christianisme, et puisque la vérité ne se révèle pas ici-bas dans son essence propre, qui est l'essence de Dieu, la foi est nécessaire; et la philosophie, si elle veut être une vraie philosophie, ne doit vouloir être qu'une propédeutique de la vraie religion, laquelle est le christianisme ou, pour mieux dire, le catholicisme. Et il faut observer que, sous ce rapport, de Galluppi à Rosmini il n'y a pas progrès, mais regrès, car au moins Galluppi ne fait pas reculer si loin la pensée.

Rosmini semble, il est vrai, attacher une importance à l'histoire de la philosophie et vouloir en réhabiliter l'étude; mais c'est en faveur des écrivains sacrés et des Pères de l'Église, ce n'est pas en faveur de la philosophie qu'il veut cette réhabilitation. S'il prend la défense de l'histoire de la philosophie, ce n'est pas pour la philosophie elle-même, et en se plaçant à un point de vue humanitaire, et en considérant la philosophie comme l'organe de la raison; mais tout simplement pour en réhabiliter cette partie qui, de son point de vue catholique, constitue le côté historique et traditionnel et comme le trait d'union de sa philosophie. Et, en effet, suivant lui, la sagesse des Gentils non-seulement n'a pas reçu d'accroissement, mais elle est allée plutôt en s'évanouissant, voulant dire par là qu'elle s'est évanouie devant la lumière du catholicisme. Et c'est en suivant cette pensée, qu'il dit aussi qu'il ne faut pas renoncer à tout l'héritage de nos pères. L'héritage de nos pères auquel il ne faut pas renoncer, ce n'est pas l'héritage de nos pères en général, mais l'héritage de nos pères catholiques. On ne doit pas être surpris après cela de le voir reprocher à Descartes d'avoir voulu construire l'édifice de la science sans une connaissance suffisante des travaux de ceux qui l'avaient précédé. Ceci doit au contraire nous montrer plus clairement que Rosmini ne s'était pas fait une notion exacte de l'histoire de la philosophie. Descartes prend, il est vrai, une attitude hostile à l'égard de l'histoire de la philosophie ; il est même probable, pour ne pas dire certain, qu'il ignorait cette histoire. Mais Rosmini ne voit pas que, quels qu'aient pu être la condition et l'état subjectif de l'esprit de Descartes, en considérant la chose du point de vue objectif, c'est-à-dire du point de vue de la pensée philosophique, la position prise par Descartes était celle qu'il pouvait, et qu'il devait prendre. En partant du doute universel, Descartes fut amené à nier le passé, et cela pour replacer la philosophie dans sa sphère véritable, qui est la sphère de la pensée, et à l'affranchir ainsi des entraves de l'autorité, de l'autorité, bien entendu, matérielle et extérieure. Le principe d'où part Descartes est sans doute exagéré ; mais à côté de l'exagération, il y a la valeur intrinsèque de ce principe, et le rôle qu'il a joué dans la science ; c'est ce que Rosmini aurait dû apercevoir et c'est ce qu'il n'aperçoit point. On peut ainsi voir par ce qui précède que Rosmini ne tient compte en aucune façon du développement nécessaire de la pensée, et qu'il procède fortuitement dans sa critique en prenant et en admettant, sans aucun critérium et suivant le besoin, ce qui s'adapte avec ses vues, et en repoussant ce qui ne coïncide pas avec elles. C'est le procédé que nous avons appelé antihistorique, et révolutionnaire (1).

(1) L'application de ce critérium à l'histoire est facile et naturel. Et c'est ce que fait Rosmini dans son livre : « *Delle cinque piaghe della santa Chiesa.* » (*Des cinq plaies de la sainte Église.*) Après avoir montré les maux qui affligent l'Église, il en cherche les remèdes. Tous les remèdes peuvent, suivant lui, se ramener à un seul qui consiste à reconstituer l'Église, les institutions et les disciplines catholiques, et la papauté, tant dans leur organisation extérieure que dans leur organisation intérieure, d'après les formes primitives de la société chrétienne. Ce faux critérium historique qui veut reconstruire ou améliorer le présent avec le passé est en quelque sorte un produit indigène de l'Italie. Proclamé d'abord par Cicéron, formulé de nouveau par Machiavelli, et répété par les penseurs italiens modernes, Rosmini, Gioberti, Mamiani, il a fini par envahir la pensée italienne. Mais c'est une erreur profonde, nous dirions presque vulgaire, que de croire que la transformation que le christianisme a subie soit un fait purement subjectif, et qui n'a pas eu lieu dans l'objet lui-même, c'est-à-dire dans la substance même du christianisme. La restauration du christianisme primitif ou, ce qui revient au même, le retour du christianisme à son origine est impossible, parce qu'il y a eu dans le christianisme des développements qui sont des développements de son contenu, de sa substance même. Déjà, depuis son origine, nous voyons les sociétés chrétiennes occupées à développer l'esprit, le sens caché de ses enseignements et tout le mouvement intellectuel qui, partant d'Abélard et de saint Anselme, arrive à l'exégèse moderne et à Hégel, n'a d'autre objet que de substituer l'esprit à la lettre de la doctrine chrétienne. Nous sommes donc chrétiens à notre façon, et tels que nous pouvons et devons l'être. Et il ne faut pas dire que nous le sommes moins que les chrétiens primitifs, mais au contraire que nous le sommes plus qu'eux. Les chrétiens primitifs avaient avec eux le fait et la lettre ; nous, nous avons avec nous l'esprit et la vérité. Le Christ et l'Incarnation sont sans doute une partie de la vérité, et le christianisme passé contient cette partie ; mais il est moins vrai que le christianisme tel que nous l'entendons et le faisons.

Après avoir caractérisé d'une manière générale l'attitude prise par Rosmini à l'égard de la science sous le rapport de son histoire, nous allons passer à sa doctrine. Nous croyons devoir rappeler d'abord que par cela même que Rosmini n'a pas bien entendu la valeur et l'importance de l'histoire de la philosophie, ses investigations n'ont pu atteindre à un résultat vraiment rationnel et scientifique ; car on ne répète jamais assez que celui qui n'entend pas l'histoire de la philosophie ne saurait non plus entendre la science elle-même, puisqu'il ne peut saisir la nécessité idéale qui engendre les derniers résultats de la science. L'histoire de la philosophie exprime et contient les développements nécessaires de la pensée, et par suite hors d'elle et sans elle une doctrine philosophique ne peut sérieusement se constituer et marquer un développement rationnel et nécessaire de la pensée. C'est ainsi que nous verrons comment Rosmini, par suite de sa position antihistorique, défigure le problème fondamental de la science.

Et, en effet, le problème que se propose Rosmini, c'est le problème des idées ou de la connaissance humaine. Sa pensée peut se résumer ainsi : L'intelligence humaine ne saurait former des idées générales sans un jugement ; et, d'un autre côté, pour juger il faut que nous possédions déjà des notions générales. C'est ainsi que se présente le problème à celui qui veut expliquer l'origine des idées. Tous les philosophes ont imaginé une théorie pour le résoudre ; mais toutes ces théories sont fausses, les unes par défaut, les autres par excès ; c'est-à-dire les premières parce qu'elles ne font pas

une part suffisante aux idées, et les secondes parce
qu'elles leur en font une trop grande.Celles qui pèchent
par défaut sont la théorie de Condillac, qui ramène
tout à un seul principe, la sensation ; celle de Locke,
qui tire toutes les idées de la sensation et de la
réflexion ; celle de Reid, qui fait précéder les idées
par le jugement ; et celle de Stewart, qui explique la
formation des idées générales par l'imposition des noms
aux choses. Celles qui pèchent par excès sont la théorie
de Platon, suivant laquelle l'idée préexiste à tout jugement ; celle d'Aristote, qui admet dans l'homme une
faculté capable de former les idées ; celle de Leibnitz,
qui admet comme innées toutes les idées, et où par
conséquent tout se réduit, comme dans celle de Platon,
à un fait de réminiscence, quoique la réminiscence de
Leibnitz ne soit pas une simple ressouvenance des
idées, mais une activité qui communique aux idées
une plus grande lumière et une plus grande perfection ;
et enfin celle de Kant. A vrai dire, Kant a été plus heureux que les autres ; car il commence par voir que
penser et juger, ce n'est pas une seule et même chose.
Il distingue en outre dans la connaissance l'élément
formel et l'élément matériel, et il conclut de cette distinction que c'est seulement l'élément formel de la connaissance qui est inné, tandis que la matière de la connaissance nous est donnée par l'expérience. Mais
l'erreur de Kant consiste à avoir attribué à l'esprit
humain plusieurs formes pour expliquer le fait de la
connaissance. Kant ne voit pas que l'élément purement formel de la raison est beaucoup plus simple, et

qu'il n'y en a qu'un. Il faut bien admettre dans l'homme,
c'est toujours Rosmini qui parle, quelque idée innée
et qui préexiste à tous ses jugements. Or, ce premier
principe, que nous pouvons aussi appeler le premier
principe ontologique (*primo ontologico*), est ou l'être
déterminé et absolu, ou l'être indéterminé et idéal.
Mais l'être déterminé et absolu est le premier principe
dans l'intelligence divine, car l'esprit humain n'a
pas de forme déterminée qui soit innée, mais seulement une seule forme innée indéterminée, laquelle
est l'idée de l'être, ou bien l'être dans sa possibilité,
ou l'être possible. Cette idée est la forme pure, parce
que sans elle on ne peut rien penser. Elle est la forme
universelle de toute connaissance, et par suite elle est
l'idée première, l'idée mère (*idea prima, idea madre*).
Quoiqu'on ne doive pas la confondre avec la nature réelle
des choses, cette idée est cependant présente à l'esprit
comme un objet, et partant ce n'est pas une idée subjective, mais objective, ce n'est pas une idée psychologique,
mais ontologique. Si, d'un côté, on ne peut l'identifier
avec la réalité, on ne peut dire, de l'autre, qu'elle n'est
rien. Elle est indépendante de l'esprit qui en a l'intuition, et elle s'offre à lui comme un simple fait. Elle
est la plus simple des formes de la connaissance, et en
même temps elle est très-féconde. Hors de cette forme,
un acte quelconque de la pensée est impossible. Otez
l'idée de l'être, et la connaissance et l'intelligence
humaine elle-même deviennent impossibles. Outre
qu'elle est la possibilité absolue, qu'elle est simple et
objective, elle est de plus une et identique, universelle,

nécessaire, immuable, éternelle et indéterminée. De
ces caractères on déduit les notions fondamentales
d'unité, de nombre, de possibilité, de nécessité et d'immutabilité. L'idée d'une chose ne contient pas son
existence réelle et actuelle : cette existence nous est
donnée par le jugement, tandis que l'idée d'une chose
se distingue du jugement qui affirme son existence
individuelle. C'est pour cette raison que l'idée de l'être
ne contient qu'une simple possibilité ou une activité
première. Quant à son origine elle ne saurait venir de
la sensation, ni du sentiment du moi, qui ne me donne
que mon existence particulière, ni de la réflexion,
comme le voudrait Locke, ni enfin de l'acte de la perception. C'est une idée absolument innée ; et ce seraient,
suivant Rosmini, surtout les Pères de l'Église qui auraient les premiers aperçu cette vérité.

L'idée de l'être étant donnée, on explique l'origine
des autres idées par l'analyse de leurs éléments. Toutes
les idées se composent des deux éléments, de la matière
et de la forme. Pour les expliquer, il faut un double
principe, l'idée de l'être et la sensation. En général
toutes les idées sont acquises, et elles sont engendrées
par une seule idée, par l'idée de l'être, dont elles sont
des modes. Il y a en nous un sentiment fondamental
de notre corps, qui nous rend aptes à recevoir des sensations extérieures. La sensation est le résultat d'une
impression externe et d'une modification du sujet
sentant. On voit par là que la sensation est le résultat
de deux éléments combinés, dont l'un est subjectif et
est en nous, et l'autre objectif ou extra-subjectif (extra-

soggettivo), suivant l'expression de Rosmini, et qui
est hors de nous. A la suite de la sensation d'une
chose, nous jugeons que celle-ci existe, et c'est là la
perception. Il faut cependant distinguer la perception
sensible de la perception intellectuelle. La perception
sensible est la sensation même ou un sentiment quelconque, en tant qu'on le considère comme joint à un
terme réel. La perception des sens ne devient une
idée que lorsque ce qui est senti est classé parmi les
choses existantes possibles; ce qui demande l'idée de
l'existence. Il n'y a que la perception intellectuelle
qui puisse accomplir cette œuvre de classification,
c'est-à-dire appliquer l'idée pure de l'être à la chose
sentie, voir le rapport qui existe entre elles, et apercevoir ainsi dans l'idée comme objet une chose réelle.
C'est donc en appliquant l'idée de l'être aux choses, ou,
pour mieux dire, à ce que nous sentons que nous for-
mons les idées. Mais comment l'intelligence peut-elle
connaître à l'aide des idées ce que Rosmini appelle
termes réels, et comment ces termes indépendants
de nous peuvent-ils être connus par nous? Premièrement, de même que dans le fait de l'intuition de l'idée
de l'être il nous est possible de connaître un certain
objet idéal qui diffère de nous, ainsi il est également
possible que dans le fait de la perception nous connaissions un certain objet réel qui diffère de nous. Il ne
faudrait pas cependant croire qu'en saisissant la forme
de la connaissance, nous en saisissions aussi la matière;
car relativement à la matière tout ce que nous pouvons
affirmer d'elle, c'est le prédicat de l'être, et c'est dans

et par ce prédicat que nous la connaissons; ce qui
veut dire que la matière de la connaissance ou la
nature intime de l'être perçu nous échappe. Ainsi l'idée
de l'être est le principe de la connaissance et de la
certitude. C'est par elle que nous connaissons et jugeons toutes choses. Et par suite les choses ne sont
intelligibles qu'autant qu'elles participent de l'être;
ce qu'exprime ce mot de saint Thomas. — « *Unum
quodque cognoscibile est in quantum est ens.* » — D'après
cela, ce que l'esprit humain apprend est vrai s'il est
conforme à l'être, et il est faux s'il ne lui est pas conforme. Cependant il faut dire aussi que nous connaissons l'essence des choses, parce que l'essence est ce
qu'on pense dans l'idée d'une chose. Ceux qui nient la
connaissance de l'essence des choses ne veulent pas
considérer comme essence ce qui est dans l'idée de la
chose, et fournit une connaissance simple et primitive
de cette dernière; mais ils veulent aller plus loin et
plonger leur regard dans le fond même de la chose.
Ainsi nous connaissons autant d'essences qu'il y a de
choses dont nous avons quelque idée. Mais les idées
les plus parfaites que l'homme puisse avoir sont celles
qui sont accompagnées de la perception. C'est ainsi
que l'on connaît l'idée spécifique positivement, c'est-à-
dire que l'on connaît la chose même. Car la perception
intellectuelle des choses corporelles est un jugement
par lequel l'esprit affirme la réalité de ce qui est perçu
par les sens. Par conséquent, cette perception renferme
une idée, qu'elle fixe, pour ainsi dire, dans l'individu.
Ce n'est pas en affirmant simplement l'idée ou l'es-

sence que nous affirmons la réalité des êtres, car ici
nous sommes encore dans le monde des possibilités :
et l'on ne doit pas confondre les choses réelles avec
les idées, et bien moins encore avec l'esprit qui les perçoit. C'est équivoquer que de dire que l'idée aussi est
un être réel. L'être idéal n'est pas sans doute un rien,
mais il ne se confond ni avec notre esprit, ni avec les
corps, ni avec une autre chose quelconque appartenant
à l'être réel. On ne peut pas définir, il est vrai, l'être
idéal ; mais on peut l'analyser, et dire que c'est la
lumière de l'intelligence. Cette idée, c'est-à-dire cet
être idéal qui est présent à notre esprit comme un
simple fait, n'affirme ni ne nie ; mais il constitue pour
nous la possibilité tout aussi bien d'affirmer que de
nier : il donne ainsi, et par cela même, une base solide
à la connaissance et à la certitude, parce qu'il fournit
à notre pensée un objet universel, nécessaire et indé-
pendant de nous. Si la connaissance première n'était
pas indépendante du sujet, et qu'elle n'eût pas une
existence objective, la science humaine serait renversée
par ses fondements. Et c'est précisément parce qu'il
est parti de l'acte de l'esprit, et non de son objet, que
Kant n'a pas entendu la nature de l'être universel, qui
nous fait connaître les choses en elles-mêmes ou dans
leur essence, et qu'il nie la connaissance objective ; ce
qui fait que son système n'est au fond que le scepticisme. Mais, d'un autre côté, pendant que cette lumière
intellectuelle est infinie elle ne peut produire qu'une
intelligence et une connaissance finies. Nous ne pouvons connaître le tout, l'absolu, l'infini : c'est là l'erreur

où est tombé Hégel. L'idée est infinie, mais notre connaissance est finie. L'idée de l'être nous conduit, il est vrai, à la connaissance de l'existence de Dieu, mais la connaissance que nous avons de Dieu n'est qu'une connaissance négative. Les essences, en tant qu'elles se distinguent de l'être, sont des limitations de ce dernier. Mais il ne peut pas y avoir des limites en Dieu. Nous pouvons donc exprimer la notion de Dieu par cette formule : Dieu est l'être pensé comme existant actuellement et d'une façon parfaite, c'est-à-dire en tant qu'on le considère comme embrassant toutes les essences (1). Cette formule est vraie, mais elle est inintelligible pour l'homme, en ce qu'il ne saurait penser l'être même dans son état parfait et absolu. Ainsi on ne peut pas dire que Dieu soit un être incompréhensible; mais si quelqu'un se demande ce qu'est cet être, il doit répondre de ne pas le savoir, et de savoir seulement qu'il est opposé à tout ce qu'on pense, c'est-à-dire au fini.

De ce qui précède on déduit la possibilité du jugement *à priori*. On peut former en effet avec la seule donnée de l'idée de l'être un jugement, par la raison que l'idée de l'être, suivant les expressions de Rosmini, s'applique à elle-même et se reconnaît elle-même. Mais un jugement *à priori* ne nous fait point connaître les êtres réels, et ne conduit qu'à des principes

---

(1) *Dio è l'essere pensato in atto compiuto, vale a dire in quanto applicato a tutte le essenze* — Dieu est l'être pensé en (un) acte achevé, c'est-à-dire en tant que (cet acte) s'applique à toutes les essences.

logiques qui appartiennent à l'ordre de l'être idéal.
Car, il ne faut pas l'oublier, l'être, ce point lumineux
de l'esprit, antérieur à toute expérience, a bien une
valeur objective, mais ce n'est pas un être qui subsiste par lui-même hors de l'esprit. Pour s'assurer
que cette idée innée de l'être est un simple principe
logique, une simple règle de notre esprit, une pure
possibilité ou idée, il suffit d'observer qu'elle est commune à tous les êtres réels (*esseri sussistenti*, *êtres sub-
sistants*), et qu'elle ne peut, par suite, être aucun d'eux,
mais seulement le fondement et la possibilité de leur
connaissance. Pour connaître la nature réelle de ces
êtres, il faut suivre la voie de l'expérience sans se
perdre en des raisonnements vagues et abstraits, qui
dans l'ordre des faits n'ont point de valeur. Pour passer de l'idée de l'être à la réalité, il faut, comme nous
l'avons remarqué, appliquer l'idée de l'être aux données de l'expérience. C'est ainsi que l'être, perçu par
nous, se complète et s'achève. La forme de la connaissance est la source et la lumière de toutes les connaissances, lesquelles n'existent que par l'application de la
forme aux choses réelles. La science de la forme précède
ainsi toute connaissance, et on peut l'appeler science
première, science pure, idéologie, et, par contre, on
pourra appeler appliquées toutes les autres sciences.
Entre la science première et les sciences appliquées
vient se placer la logique, science pure elle aussi, qui
traite des principes ou règles suivant lesquelles la
forme est appliquée. On peut définir la logique : la
doctrine de la lumière intellectuelle considérée comme

principe et comme guide du raisonnement. On ne peut placer la logique avant l'idéologie, parce que les idées, dont traite l'idéologie, sont la base du raisonnement, lequel fait l'objet de la logique.

C'est là la philosophie de Rosmini, ce sont là au moins les traits les plus essentiels de son édifice philosophique. On voit que le fondement de cet édifice est la présence immédiate dans l'esprit de l'être indéterminé, de l'être idéal ou possible. L'être possible est la lumière et l'objet de l'intelligence. Ce n'est pas un objet hors de l'intelligence, mais dans l'intelligence, quoique son existence soit indépendante de l'intelligence : en d'autres termes, l'être possible n'est ni l'être de la réalité ni l'être de l'intelligence, mais simplement l'être en tant qu'idée ; c'est comme une sphère moyenne entre les choses et l'intelligence. Dans cette sphère et dans cette idée, l'intelligence pense et connaît les choses, par là que cette idée est la possibilité idéale de toutes choses. Ainsi, la pensée, l'esprit ne possède rien en propre : c'est la présence de l'idée de l'être qui détermine son activité. L'intelligence en appliquant cette idée aux choses les connaît, et forme ainsi les idées. L'idée de l'être est donc pour Rosmini à la fois le point de départ et le point d'arrivée de la pensée. Voyons jusqu'à quel point cette conception rosminienne satisfait aux exigences de la science.

On peut se demander d'abord d'où Rosmini a tiré cette conception. Il est clair, comme nous l'avons fait observer, que le côté traditionnel et historique de la philosophie de Rosmini doit être cherché dans la Scolastique, dans la philosophie des Pères de l'Église et du moyen âge. Pour les Scolastiques, l'être est l'attribut de Dieu et des choses en général le plus essentiel et le plus absolu. C'est ce qui leur fait dire que : *oportet primum esse, et deinde, esse talis vel qualis,* ou bien : *quod non est non intelligitur, nisi per id quod est.* C'est de la même façon que Rosmini considère l'idée de l'être comme constituant l'idéal de l'intelligence et la possibilité de la connaissance. L'être symbolise ainsi Dieu même. Nous disons qu'il le symbolise, parce que Dieu n'est pas seulement l'être en tant que simple être possible, mais l'être en acte, l'être achevé, c'est-à-dire l'être qui possède la plénitude de la réalité et de l'existence. Ainsi l'absolu serait l'être achevé, et ce serait là la lumière primitive et originaire. Cette lumière originaire engendrerait une lumière secondaire et réfléchie, qui serait précisément l'être possible, cet être qui seul serait accessible à l'intelligence humaine. D'après cela, l'être déterminé et absolu ne se manifesterait à notre intelligence que sous la forme de l'être indéterminé et d'une simple possibilité. Ainsi Rosmini, en posant comme principe fondamental de sa doctrine l'être, ramène et renouvelle le point de vue de la philosophie scolastique. Nous disons renouvelle, parce que, s'il emprunte ce principe à la Scolastique, il le façonne à sa guise en y ajoutant de nouveaux éléments et en en faisant en un certain sens une application plus étendue (1).

(1) Outre la Scolastique, l'histoire de la philosophie nous présente d'autres doctrines qui ont aussi exigé l'être en principe fon-

Sans doute l'être est une donnée idéale, essentielle, nécessaire, aussi nécessaire que toute autre idée, et l'on sait qu'il fait le point de départ de la logique hégélienne. Mais précisément parce qu'il fait le point de départ, l'être est une détermination, pour ainsi dire, vide de tout contenu : l'être n'est que l'être, et dans l'être il n'y a que l'être ; ce qui revient à dire que l'être est la détermination la plus abstraite et la plus indéterminée. Ainsi s'il faut admettre que l'être est un terme universel, nécessaire, et qui se reproduit en toutes choses, il faut admettre aussi que sans l'addition d'autres éléments, d'autres déterminations, il ne saurait rien engendrer ni expliquer. Ce procédé d'abstraction, qui fait violence aux idées, aux principes des choses, pour les ramener à un seul, ne fait en réalité que mutiler les êtres et dérober à la vue de l'intelligence leur nature vraie et concrète. Il est singulier que Rosmini reproche à Condillac de ne voir que la sensation et de tout vouloir ramener à la sensation. Mais vouloir tout ramener à l'idée de l'être, n'est-ce pas le même procédé, moins la différence de la forme ? Condillac ne voit pas que pour transformer la sensation il faut y ajouter d'autres éléments que la sensation

damental de la science. Ainsi nous trouvons chez les Hébreux Philon qui considère l'absolu sous la détermination de l'être ; mais pour Philon, comme pour Rosmini, cet être ne constitue pas la réalité intime, l'essence de l'absolu, laquelle est en dehors du cercle de l'intelligence humaine. L'école wolfiènne aussi fait de l'être le principe le plus élevé de l'intelligence et des choses. Mais nous avons cru insister sur la Scolastique parce qu'on voit par l'ensemble de la doctrine de Rosmini que c'est surtout de la scolastique qu'il s'inspire, et que c'est vers elle qu'il veut ramener la philosophie.

ne contient point. De la même façon Rosmini ne voit
pas que, pour expliquer l'intelligence, l'acte intellectuel et le contenu de l'intelligence, qui est l'univers
entier, ne suffit pas l'être, c'est-à-dire ce terme tout à
fait indéterminé et indéfini, suivant Rosmini lui-
même, mais qu'il faut d'autres notions, d'autres éléments que l'être ne contient pas ; qu'il faut en un mot
la détermination, l'élément défini, car l'infini qui n'est
point défini est l'indéfini, et l'indéfini n'est point le
vrai infini. Ainsi dire que Dieu est l'être, c'est donner
de Dieu la définition la plus superficielle et la plus
vide.

Suivant Rosmini, les choses ne sont qu'autant que
l'idée de l'être est ; ce qui est vrai en un certain sens,
en ce sens, voulons-nous dire, que dans un tout, dans
un système, chaque partie se reproduit et se répète
dans toutes les autres, et que par suite on peut dire
que le tout est par là que l'être pénètre dans toutes
les sphères dont il se compose, et qu'en supprimant
l'idée de l'être le tout ne pourrait exister. Mais il est
absurde de dire que le tout et les parties du tout ne
sont que l'être ; car que deviennent en ce cas les différences? Ou bien dira-t-on que les différences viennent
de l'être? Mais alors il faudra démontrer comment
elles en viennent. De toute façon ce sont les différences,
c'est-à-dire les propriétés, les attributs et les déterminations spécifiques des choses, ce n'est pas l'être qui
constitue leur nature essentielle. Et si, suivant Rosmini lui-même, Dieu est l'être le plus réel et le plus
concret, il faudra dire que ce n'est pas le simple être,

mais que ce sont surtout les différences, ou, si l'on veut, les divers attributs qui constituent la réalité de la nature divine. Connaître la vérité tout entière, dit Rosmini, est un besoin essentiel de notre nature; mais la vérité et toute la vérité c'est l'être; donc posséder la vérité consiste à affirmer que les choses sont. C'est là une conséquence naturelle et directe de ses prémisses, mais qui n'est pas plus admissible que ces dernières. Affirmer d'une manière immédiate que les choses sont, c'est affirmer le caractère le plus général, le plus commun, le plus abstrait et le plus indéterminé des choses; ce n'est pas posséder et entendre leur vérité, parce que la vérité des choses réside dans leur être concret, c'est-à-dire dans les différents éléments qui les composent, et surtout dans l'élément spécifique qui les différencie. Ainsi, quand nous entendons dire par Rosmini qu'en affirmant que les choses sont nous pénétrons dans leur essence, nous ne pouvons nous empêcher de penser qu'il ne s'entend pas lui-même. En effet, si cet être indéterminé est l'essence, où prendrons-nous les diverses essences des choses? Ou bien dira-t-on, par exemple, que l'essence de la justice, ou celle de la plante, ou celle de l'animal c'est toujours l'être? Et si ce n'est pas l'être, comment l'être peut-il expliquer ces essences, ou, pour mieux dire, comment peut-il expliquer une différence quelconque? Car l'être, nous le disons encore, ne peut donner que l'être.

Et ici nous ferons remarquer une inconséquence dans laquelle est tombé Rosmini, et qui montre tout ce qu'il y a de superficiel dans son point de vue, et d'arbitraire dans son procédé. On sait ce que signifie l'être dans la logique hégélienne, et l'on sait comment Hégel déduit le non-être de l'être. Eh bien! Rosmini, pendant qu'il reconnaît dans l'être la notion la plus vraie et, pour ainsi dire, la plus substantielle, ne veut point du non-être hégelien, parce que pour lui le non-être est ce qui n'est pas absolument. Mais, tandis qu'il ne veut pas admettre le non-être, il admet arbitrairement certaines déterminations, limitations ou négations de l'être, telles que l'unité, le nombre, la possibilité, la nécessité, l'immutabilité, etc. (1), ne voyant pas que ces négations sont des moments de plus en plus concrets du non-être et de l'être tout à la fois, ainsi que cela se trouve démontré dans la logique hégélienne (2). Quant à dire, comme il le fait, que le non-être n'est absolument rien, c'est là une de ces illusions dans lesquelles tombe la pensée irréfléchie et non systématique, qui ne voit pas qu'elle admet précisément la chose qu'elle nie; car ici, pendant qu'elle refuse toute réalité au non-être, elle le pense, à sa façon, comme quelque chose de déterminé, puisqu'elle l'oppose à toute réalité.

On voit déjà par ce qui précède qu'avec un principe absolument identique, abstrait et indéterminé, tel que l'être pur, on ne saurait atteindre à la vraie

_____

(1) Voy. ci-dessus, p. 58.
(2) Voy. *Logique de Hégel, traduite par Véra*, et introduction du traducteur. — Voyez aussi Véra, *Introduction à la philosophie de Hégel*, chap. IV, § 5, et *Introduction à la philosophie de l'esprit de Hégel*, par le même, vol. I.

réa'ité des choses. On dira peut-être que Rosmini ne nie pas les autres idées et qu'il enseigne, au contraire, que l'idée de l'être appliquée aux choses engendre en nous les autres idées. Mais, ou ces idées, que Rosmini appelle acquises, représentent de pures combinaisons subjectives, et en ce cas elles n'ont pas une valeur déterminée, leur génération n'est pas nécessaire mais fortuite, et elles ne méritent même pas qu'on leur donne le nom d'idée : ou bien ce sont des idées comme l'être, ou même des parties essentielles de l'être, et en ce cas, il est clair qu'elles sont tout aussi nécessaires que l'idée de l'être, et que non-seulement elles l'égalent, mais qu'elles le surpassent en valeur, par là même que ce sont des idées plus concrètes que l'être et qu'elles le déterminent.

Mais voyons quelle est en réalité la valeur que Rosmini accorde aux idées, et avant tout à l'idée de l'être qui, suivant lui, est l'idée génératrice de toutes les autres. On connaît la lutte des *nominalistes* et des *réalistes*. Suivant les nominalistes, les universaux, comme ils les appellent, n'ont aucune entité objective ; ce ne sont que de purs mots, des *flatus vocis*, et par suite il n'y a pas pour eux d'être réel hors l'individu. De leur côté, les réalistes enseignent que les universaux possèdent une réalité indépendamment de notre pensée subjective ainsi que des êtres individuels. Entre ces deux doctrines extrêmes vient se placer la doctrine connue sous le nom de *conceptualisme*. Celui-ci considère les idées comme des conceptions de l'esprit, qui ne sont pas privées de toute réalité, mais qui, si, d'un côté, ne sont ni placées hors de l'esprit, ni séparées de l'esprit, ont, d'un autre côté, une existence propre et indépendante. Pour Rosmini, les universaux, les idées ne sont ni des formes des choses réelles, ni des formes purement subjectives. Mais alors que sont-elles ? Elles ne peuvent être que l'une de ces deux choses, ou des formes subjectives de la pensée, ou des formes de la pensée et des choses à la fois. On voit que Rosmini, en exhumant ces vieilles données de la science, en tire une théorie qui n'est ni le nominalisme, ni le conceptualisme, ni le réalisme, et dont on ne saurait dire ce qu'elle est. En effet, Rosmini considère l'idée de l'être comme constituant la possibilité des autres idées. Cette idée a bien pour lui une existence objective, mais c'est une existence idéale, qui ne constitue pas la réalité et l'existence des choses, ce qui fait que sa réalité et son existence sont autres que la réalité et l'existence des choses. En outre, cette idée est indépendante de notre intelligence subjective, à laquelle elle est toujours présente comme objet; mais en même temps elle ne peut subsister hors de l'esprit. L'être idéal n'est pas la réalité ou l'être réel, mais il n'est pas non plus l'être subjectif, et il est l'être objectif sans cependant être l'Absolu. Voilà un amas et comme un amalgame d'idéalisme et de conceptions fortuites et arbitraires (1). Que la doctrine de Rosmini soit un idéalisme, on peut bien l'admettre; mais il faut aussi admettre

(1) Nous ferons observer en passant que lorsque Rosmini distingue l'être idéal et possible de l'être réel et absolu, et place celui-ci au-dessus de celui-là, il ne voit pas l'impossibilité où il tombe. Car,

que c'est un idéalisme superficiel, inconséquent, qui n'a pas conscience de lui-même, et qui mérite à peine le nom d'idéalisme. Nous nous bornerons à faire observer à cet égard que, relativement au fait, à l'individualité phénoménale, l'idée peut bien être considérée comme une possibilité, comme on peut, et l'on doit même admettre que l'idée a une existence propre, objective, indépendante de la réalité purement sensible, ainsi que de notre pensée accidentelle et subjective. Mais si l'idée est une possibilité, c'est une possibilité éternelle et absolue : ce n'est pas une possibilité qui puisse être et n'être pas, mais une possibilité réelle et qui, comme telle, est le principe de toute réalité, en ce sens qu'elle rend possible l'être des choses, et que sans elle les choses ne seraient point. Il y a plus; c'est qu'il ne faut pas seulement dire que l'idée est une possibilité absolue, éternelle, objective et purement intelligible, car ce n'est là qu'un aspect de sa nature ; mais il faut dire aussi qu'elle est le principe absolu des choses, et qu'elle fait les choses, et qu'en faisant les choses elle est dans les choses, bien qu'elle ne se confonde pas avec elles ; ce qui fait qu'elle est le principe non-seulement de la connaissance, mais de l'être aussi. C'est là la vraie nature et la vraie unité de l'idée. L'intelligence qui ne saisit pas cette unité ne voit dans l'idée que quelque chose de sub-

---

ou l'être idéal est un être nécessaire, et, en ce cas, c'est un être réel et absolu, ou bien ce n'est qu'un être contingent et accidentel, et en ce cas il n'a pas de valeur.

jectif et d'extrinsèque aux êtres, qu'un élément qui, pour ainsi dire, ne touche pas à leur nature intime. C'est ainsi que la vérité est pour elle une sphère inaccessible, et que le problème de la science échappe à toute solution. Si l'idée, en effet, ne constitue pas la nature intime des choses, et si elle est absolument séparée des choses, comment peut-on entendre la réalité de l'être sensible lui-même, et comment, pour nous servir d'une expression de Rosmini, l'être réel peut-il devenir l'être idéal? Rosmini dit qu'en tant qu'il y a l'être dans les choses, et que nous avons l'intuition de l'idée de l'être, nous pouvons affirmer que les choses sont. C'est en cela que résident pour lui la connaissance et l'unité. Rosmini nous présente, il est vrai, dans ce qu'il appelle *sentiment fondamental* (1) un principe où se trouvent en quelque sorte ramenées à l'unité toutes les puissances de l'esprit, l'acte primitif et la racine commune de la sensibilité et de l'intelligence. Et il en est qui ont cru voir dans ce sentiment une unité synthétique originaire, qui n'est plus le passage de l'intelligence à la sensibilité, par cela même qu'il les contient toutes les deux. Il en est même qui sont allés jusqu'à y voir l'unité synthétique originaire de Kant. Par conséquent, si l'on devait s'en tenir à leur opinion, Rosmini aurait reproduit la pensée de Kant, et sa théorie aurait au moins un certain sens historique. Mais c'est là une interprétation complétement arbitraire et fausse de la pensée de Rosmini. On

_____

(1) Voyez ci-dessus, p. 58.

peut dire, en effet, que toute la philosophie de Kant
converge vers ce point, la détermination de l'unité synthétique originaire; et bien que cette philosophie ne
s'élève pas au-dessus de l'unité subjective, elle a cependant déterminé la signification historique, et, en
un certain sens, spéculative de la véritable unité; car
si elle n'a pas atteint cette unité, elle a montré du
moins la voie par laquelle on peut y parvenir. Mais lors
même qu'on trouverait cette conception dans Rosmini, il est clair qu'elle n'y serait que d'une façon accidentelle. Rosmini, ne pouvant se soustraire à l'influence de la pensée de Kant et du mouvement philosophique que cette pensée avait suscité, a bien pu faire
entrer dans sa doctrine ce trait de la philosophie kantienne; mais vouloir conclure de là que Rosmini est
Kant, ce serait prétendre que le mollusque est l'homme
parce que la vie est dans tous les deux. Ce qu'il faut
considérer dans l'appréciation d'une doctrine ce n'est
pas un trait accidentel et isolé, mais ce sont ses principes fondamentaux, ainsi que son ensemble; et ce
qu'il y a de positif à cet égard, c'est que la notion de
l'unité est étrangère à la doctrine de Rosmini, par cela
même que l'idée ne constitue pas l'être réel, ce qui
fait que la dualité y subsiste. Ce que nous pouvons
affirmer, suivant lui, c'est seulement que la réalité est.
Mais si l'idée de l'être ne se communique d'aucune
façon à la réalité, comme l'enseigne Rosmini, il faudra,
si l'on veut être conséquent, nier la possibilité même
de cette affirmation. La conclusion à laquelle on arrive
nécessairement d'après tout ce qui précède, c'est que

Rosmini n'entend pas la nature et le problème de l'idée, et que par cela même il se place hors de l'objet de la science.

Or, par cela même qu'il n'entend pas la nature de l'idée, il ne devait non plus entendre la nature de la pensée. Que l'idée soit autre chose que la pensée subjective, on peut l'admettre en un certain sens. Mais c'est bien différent lorsqu'il s'agit de la pensée objective. La pensée objective, qu'on peut aussi appeler pensée absolue, est précisément la pensée qui s'élève à l'idée et pense l'idée, et qui, en pensant l'idée, s'identifie avec elle. Ou, pour parler avec plus de précision, l'idée n'est vraiment elle-même, c'est-à-dire elle n'existe en tant qu'idée que dans la pensée. Hors de la pensée l'idée existe bien, mais elle n'existe que d'une façon imparfaite et inadéquate à sa nature, par là qu'étant faite pour être pensée, hors de la pensée elle existe sans conscience d'elle-même, sans se savoir elle-même : en un mot elle n'existe pas comme idée. Il est aisé de voir que pour Rosmini l'idée est quelque chose qu'il voit et qu'il contemple avec son intelligence, et qui l'éclaire de façon qu'il puisse contempler en elle et par elle les êtres, mais que l'intelligence demeure distincte et séparée de l'idée, et par suite sa pensée est aussi une pensée qui demeure extérieure à elle-même, et qui maintient un état de dualité entre elle et son objet. Rosmini croit trouver hors de lui-même et de sa pensée ce que sa pensée seule peut lui fournir, et partant il faut dire que la conscience de lui-même lui fait entièrement défaut. Il ne voit pas qu'à l'être succède la pen-

sée, qui s'empare de l'être et le rend semblable à elle-
même. L'être immédiat est, mais il n'est pas la pensée,
et l'action de la pensée consiste à faire que l'être devienne identique avec elle, c'est-à-dire qu'il devienne
une pensée. Et ce que nous disons de l'être s'applique à
toutes choses. Que sont, en effet, ces idées, qu'on présente comme une génération de l'idée de l'être, si ce
n'est autant de pensées, lesquelles sont toutes ramenées à l'unité par la pensée une, concrète et absolue?
On dit relativement à l'absolu, que l'être est l'absolu,
en ajoutant en même temps qu'il ne nous est point
donné d'entendre la nature intime de l'absolu. Mais qui
nous apprend que c'est l'être qui constitue l'absolu, si
ce n'est la pensée? Donc la pensée est supérieure à
l'être, puisqu'elle pense l'être. Et qui nous apprend
aussi que dans la nature de l'absolu il y a un principe
plus profond que l'être, et qu'on ne peut saisir? C'est
toujours la pensée. Donc la pensée pense aussi cette
nature intime, qu'on présente comme inaccessible à
l'intelligence ; et, en tant qu'elle la pense, elle la voit,
et elle la voit dans la mesure où elle la pense. A l'objection que l'intelligence humaine est finie, et que
comme telle elle ne peut entendre l'infini, il suffit d'op-
poser le fait de la présence de la notion de l'infini dans
l'esprit. D'ailleurs, cette objection s'annule elle-même,
car la pensée qui se pense comme finie ne peut se
penser comme telle qu'en franchissant les limites
mêmes dans lesquelles elle croit se renfermer. C'est
ce qui arrive aussi à notre philosophe. Ainsi Rosmini
nous parle non-seulement de l'être idéal et indéter-

miné, mais de l'être déterminé et absolu. S'il en parle,
c'est qu'il les aperçoit et les connaît tous les deux,
et, par conséquent, il est inexact de dire que l'être
réel et absolu ne peut être connu. Que si cet être ne
peut être ni perçu ni connu, on ne voit pas de quel
droit on en parle, et l'on dit qu'il constitue une sphère
placée au-dessus de l'intelligence humaine. Rosmini
reproche à la doctrine de Kant de ne conduire au fond
qu'à des résultats sceptiques. On peut voir déjà par ce
qui précède que sa doctrine est plus sceptique que
celle de Kant. Mais c'est là un point qui deviendra
plus évident encore en examinant sa doctrine sur le
problème de la certitude.

Comme on l'a vu plus haut, suivant Rosmini, toute
perception qui est conforme à l'être est vraie, et toute
perception qui ne lui est pas conforme est fausse.
D'après cela, l'être sera la mesure et le critérium du
vrai. Mais d'abord, en supposant que le vrai réside
dans cette conformité de l'être avec le terme auquel
il s'applique, on demandera qu'est-ce qui peut décider de cette conformité? Et il faut noter que les deux
termes du rapport, c'est-à-dire l'être et l'autre terme
doivent être tous les deux pensés, et non-seulement
ils doivent être tous les deux pensés, séparément,
mais ils doivent aussi être pensés dans leur rapport,
c'est-à-dire dans leur unité. Et c'est cette unité qui
constitue le vrai, soit que l'on considère le vrai sub-
jectivement, soit qu'on le considère objectivement.
S'il en est ainsi, il est évident que la mesure et le critérium du vrai n'est pas l'être, mais la pensée qui

pense et détermine l'être et le rapport réel de l'être avec l'autre terme. On voit par là combien Rosmini s'écarte de la raison lorsqu'il croit découvrir dans l'idée de l'être, et de l'être indéterminé et possible, le critérium de la connaissance et le principe où viennent se rencontrer l'intelligence et l'intelligible. La fin de l'humanité n'est point l'être, mais l'intelligence d'elle-même. Tant que l'être ne s'est pas élevé à la pensée, tant qu'il n'est pas devenu pensée, il n'est pas l'être concret et absolu. Le simple être est bien un moment du vrai, mais ce n'en est que le moment le plus abstrait et le plus vide. L'absolu, Dieu, n'est point l'être, mais l'intelligence, ou, pour mieux dire, la pensée, la pensée qui enveloppe l'être comme un moment subordonné. Ce qui montre en même temps que la certitude de la connaissance, ou, si l'on veut, l'unité de la connaissance et de l'être ne peut être engendrée que par la pensée idéale, c'est-à-dire par la pensée qui se meut dans la sphère de l'idée, ou par l'idée qui est devenue pensée. D'où il faut conclure aussi que cet être idéal et indéterminé, que Rosmini appelle lumière de l'intelligence, est ce qu'il y a de plus obscur, précisément parce que c'est ce qu'il y a de plus indéterminé, et que loin d'être une source de science et de vérité, il ne peut être qu'une source d'illusion et d'erreur (1).

(1) Ainsi, pour éclaircir ce point par des exemples, si je ne possède que la notion abstraite et indéterminée de l'être, comment pourrais-je connaître la nature du soleil ou de l'organisme? Et ce qu'on dit du soleil et de l'organisme peut s'appliquer à toute chose. Du point de vue de l'être, tout ce qu'on peut dire des choses, c'est qu'elles sont et qu'elles sont toutes de la même façon.

Tels sont les points les plus essentiels de la philosophie de Rosmini. Pour les résumer en peu de mots,
nous dirons que Rosmini s'est fait une fausse notion
de l'histoire de la philosophie; qu'en n'entendant pas
cette histoire, il ne pouvait non plus entendre la
nature et l'importance du problème des idées, et que
par suite il ne pouvait se faire une notion exacte de la
science, ni donner la véritable solution du problème
de la connaissance. Il nous parle bien de connaissance
et de vérité, mais il n'a pas le droit d'en parler. Car
la connaissance ou est telle absolument, ou bien elle
est impossible. Ou la vérité est toute la vérité, ou elle
n'est point la vérité : le juste milieu est ici impossible.

CHAPITRE IV

PHILOSOPHIE DE GIOBERTI.

Gioberti (Vincent) naquit à Turin le 5 avril 1801. Bien qu'il n'eût pas été placé par sa naissance dans une sphère sociale élevée, il sut cependant atteindre aux plus hautes dignités.. Mais ces dignités ne le détournèrent jamais de ses études et de son activité intellectuelle. Comme on sait, il était prêtre ; et sous ce rapport il faut dire qu'il ne sut pas échapper à l'esprit d'intolérance, qui parfois va chez lui jusqu'au dépit et à l'emportement. Le *Jésuite moderne* (*Gesuita moderno*) et la *Théorie du surnaturel* (*Teorica del soprannaturale*) nous offrent deux exemples, le premier de son goût pour la polémique, et nous serions presque tentés de dire pour les commérages, et l'autre de son esprit passionné et prévenu. Gioberti eut une intelligence rare, qu'il mit au service d'une vie utile et bien remplie. Un nombre considérable d'ouvrages a été le résultat de son travail incessant. C'est par ses écrits et par sa participation au mouvement politique de l'Italie que sa voix acquit un certain prestige. On peut observer dans ses nombreux travaux la puissance de l'esprit et l'habileté de l'écrivain. Mais, en général, si son

style est correct et abondant, il a aussi quelque chose
de lourd et d'enflé, et ce qui y frappe surtout c'est la
prolixité. Le manque de sobriété et de mesure est un
défaut qui a pénétré dans tous les livres de Gioberti;
à tel point que souvent une préface prend entre ses
mains les proportions d'un gros volume.

Gioberti a partagé sa vie entre la philosophie et la
politique. Sa vie politique commença à l'époque où,
ayant été soupçonné de participation au mouvement
politique qui se préparait en Piémont et au programme
de la *Jeune Italie*, il fut arrêté. Mais on ne le garda
en prison que pendant quelques mois, et on lui rendit
la liberté le 24 septembre 1833, en le condamnant
toutefois à l'exil. Il se rendit alors à Paris, où il con-
nut entre autres Cousin et Lamennais. Mais bientôt
il quitta Paris pour Bruxelles. C'est là qu'il écrivit son
livre de la *Suprématie morale et civile des Italiens (Del
primato morale e civile degli Italiani)*, qu'il publia en
1843. Ce livre est le produit d'une présomption dé-
mesurée, c'est la plus haute expression d'une illusion individuelle qui, se propageant en Italie et devenant ainsi une illusion nationale, devait amener des
conséquences fâcheuses. La publication de ce livre
fut suivie par celle des *Prolégomènes (Prolegomeni)* et
du *Jésuite moderne*. La popularité de son nom, et plus
encore les événements politiques le rappelèrent dans
son pays, où il rentra en 1847, après quinze années
d'exil. Il fut d'abord président de la Chambre des
députés, et puis ministre. Plus tard il fut chef du ca-
binet appelé *démocratique*. Mais n'ayant pu s'accorder

avec ses collègues, il se vit bientôt obligé de se retirer. Après la défaite de Novare en 1849, il fut envoyé ministre plénipotentiaire en France. L'objet de sa mission était d'obtenir la médiation du gouvernement français auprès de l'Autriche, pour que celle-ci voulût imposer des conditions moins dures à l'Italie. Mais ayant failli dans sa mission, il se condamna à un exil volontaire. C'est alors qu'il publia le livre qui a pour titre la *Régénération* (*Il Rinnovamento*), où il signale les fautes de la révolution italienne et prophétise les nouvelles destinées de sa patrie. Il mourut à Paris le 16 octobre 1852, peu après la publication de ce livre. Tels sont en peu de mots la vie et les écrits politiques de Gioberti.

Comme philosophe, Gioberti se propose surtout la restauration de la philosophie italienne. Le premier produit de ses recherches philosophiques et qui devait commencer cette réforme, c'est sa *Théorie du surnaturel*. Dans ce livre, il cherche à mettre en lumière les principes de la foi, de la révélation et de la religion catholique. Il y parle du dogme et des mystères d'où il prétend déduire la science. Pour lui, la rénovation de la philosophie consiste à ramener l'esprit aux principes et aux institutions du catholicisme, et à rétablir la domination spirituelle de la papauté. On remarquera aussi dans ce livre la critique qu'il y fait de la philosophie de Descartes, où il représente ce philosophe comme une sorte d'imposteur. Ce n'est pas là, dira-t-on, et avec raison, la philosophie, mais une cécité philosophique. Il y en a cependant qui voudraient nous faire

croire que la pensée philosophique de Gioberti est allée
en se développant, qu'elle présente des époques différentes, qu'elle s'est transformée, et qu'à son point d'arrivée elle n'est plus ce qu'elle était à son point de départ. C'est pour cela qu'on nous dit aussi que sa pensée
doit être plus attentivement étudiée dans ses derniers
résultats que dans sa première expression. Après sa
Théorie du surnaturel, Gioberti publia son *Introduction
à l'étude de la philosophie* (*Introduzione allo studio della
filosofia*), où l'on prétend que sa pensée a pris déjà
une autre forme. Il y a, en outre, ses *Œuvres posthumes*, et ce sont celles-ci, et dans celles-ci surtout
sa *Protologie* (*la Protologia*), qui contiendraient le dernier développement de sa pensée. L'examen de la doctrine de Gioberti nous montrera ce qu'on doit penser
de cette opinion. Mais voyons d'abord s'il y a une connexion entre Rosmini et Gioberti, et un passage de l'un
à l'autre.

Pour nous, la position que Gioberti a prise vis-à-vis
de Rosmini ne diffère pas de celle que nous avons
signalée dans Rosmini par rapport à Galluppi. Gioberti,
voulons-nous dire, ne continue pas Rosmini, il ne reprend pas son point de vue pour l'étendre, pour en faire
disparaître les défauts, et le compléter. Bien que Gioberti se soit occupé de bonne heure de Rosmini, qu'il
ait appelé l'attention sur son livre *De l'origine des idées*,
et qu'il ait écrit un livre *Sur les erreurs philosophiques
de Rosmini*, nous ne saurions cependant voir entre eux
ni une filiation historique ni une filiation idéale. Et
c'est là un défaut qui est commun à tous les penseurs

italiens. C'est que, n'entendant pas l'histoire de la philosophie, ils se produisent comme des membres détachés, dont chacun croit se suffire à lui-même, ce qui les place dans un état d'indépendance et d'exclusivisme réciproque. On dirait que pour eux la raison véritable est la raison individuelle, et nullement la raison universelle et historique. Il en est, il est vrai, qui ne sont pas de cet avis et qui prétendent découvrir un rapport entre Rosmini et Gioberti, en disant que l'être indéterminé et possible de Rosmini se change en l'être réel et parfait chez Gioberti. Mais nous verrons plus loin que cette conception de l'être réel de Gioberti ne développe ni ne complète le point de vue de Rosmini. Pour le moment, nous nous bornerons à faire observer que, bien que Gioberti semble partir d'un point de vue spécial et qui lui est propre, au fond il ne fait que reproduire les traits essentiels de la doctrine de Rosmini. Et ainsi de même que la doctrine de Rosmini ne développe ni ne complète celle de Galluppi, de même la doctrine de Gioberti ne développe ni ne complète celle de Rosmini.

Il faut reconnaître cependant que Gioberti a comme Rosmini une prédilection pour la Scolastique, et que toutes ses sympathies sont pour la philosophie du moyen âge. Sur ce point ils sont d'accord, et leur pensée non-seulement se rencontre, mais elle est parfaitement identique. Ce qui nous montre Gioberti dans son rapport avec l'histoire de la philosophie. Considérés de ce point de vue, sa position, ses procédés, ses critériums, sa conception fondamentale et le résultat auquel il arrive ont exactement la même valeur que celle que nous offre la philosophie de Rosmini. La philosophie de Gioberti, telle qu'elle se trouve non-seulement dans sa *Théorie du surnaturel*, mais dans son *Introduction*, est la théologie, non la théologie rationnelle, mais la théologie dogmatique, la canonique; c'est, en d'autres termes, une sorte de catéchisme auquel on a mêlé quelques données rationnelles, mais en les défigurant, en les prenant au hasard et en les employant d'une façon tout à fait superficielle. Gioberti soutient que la doctrine catholique est la seule doctrine religieuse qui ait une valeur scientifique, et lorsque le grand mouvement de la philosophie allemande s'était accompli, et qu'il avait porté tous ses fruits, il n'hésite pas à s'écrier : — « Que la philosophie était morte, ou pour mieux dire que la vraie philosophie ne vivait plus que dans la religion. C'est ici, ajoute-t-il, que doit la chercher celui qui veut en tirer profit, car celle qu'on enseigne est une ombre vaine, une image trompeuse, un pâle fantôme, qui ne peut satisfaire les âmes viriles et habituées à ne se nourrir que de la vérité.... Celui qui est hors de l'Eglise est hors du genre humain.... Il n'est pas possible de créer une philosophie autonome et une religion indépendante de l'Église.... La sagesse et la liberté des nations doivent partir d'un principe supérieur et divin, et nullement de la seule raison.... L'Italie contenant le principe de l'unité morale du monde, c'est-à-dire la papauté, est la nation mère du genre humain. » — Ainsi pour restaurer la philosophie, il n'y a pas d'autre moyen, selon Gioberti, que de la ramener à son vrai principe, c'est-à-dire à la révélation et à la papauté. Ce qui montre jusqu'à quel point Gioberti ignorait la signification et la valeur de l'histoire de la philosophie. La philosophie hétérodoxe née de Luther et de Descartes, et dont Hegel est la dernière et la plus haute expression, a, suivant lui, disparu comme une ombre vaine et sans laisser de trace. Telles sont les tendances rétrogrades et les habitudes antihistoriques de la pensée de Gioberti. Il y a cependant ses *Œuvres posthumes*, où, bien qu'on y rencontre toujours le même point de vue fondamental, il semble avoir subi l'influence de son temps d'une façon plus sensible que dans son *Introduction*. Car si dans l'*Introduction* on voit pénétrer l'idée et y jouer un certain rôle, on peut dire que ce rôle est encore plus marqué dans les *Œuvres posthumes*. Mais il faut dire aussi que pendant qu'il cède à cette influence, Gioberti n'a pas la conscience d'y céder, qu'il ne veut même pas y céder, et qu'il nie d'y céder. A cet égard nous pouvons affirmer dès à présent que dans la pensée de Gioberti l'idée ne joue qu'un rôle en quelque sorte fortuit, et qu'elle n'y est pas comme idée, comme idée, voulons-nous dire, qui a conscience d'elle-même. Gioberti, nous le répétons, n'a pas comme philosophe un sens différent de celui des autres philosophes italiens, parce que sa pensée n'a pas su au fond s'élever au-dessus de la sphère dans laquelle s'est renfermée la pensée italienne, c'est-à-dire la sphère de la théologie et de la scholastique. Quelques éléments rationnels pénétrés dans sa pensée accidentellement, et comme à son insu, n'en changent point le fond et la substance. Quelle est, en effet, la substance de cette pensée?

L'objet de la philosophie, comme le conçoit Gioberti dans l'*Introduction*, est l'idée, et l'idée est la vérité absolue, mais seulement en tant qu'elle se présente à l'intuition de l'esprit humain. L'intuition est la représentation immédiate de l'idée sans laquelle la connaissance n'est pas possible. On doit admettre l'idée comme une vérité primitive, et qui par suite ne peut se démontrer. L'idée est l'intelligible, ce qui fait qu'elle est évidente par elle-même. Cependant, l'évidence n'est parfaite qu'en elle-même, car, relativement au sujet, quand l'esprit réfléchit sur sa propre intuition, cette perfection peut subir une altération. Il faut donc dire qu'un élément subjectif se glisse dans la connaissance. Cette première imperfection est intensive, suivant son langage; mais il y en a une autre qui est extensive. L'idée en tant qu'elle constitue l'intelligibilité est infinie, et par suite nulle intelligence créée ne saurait l'embrasser. De là l'incompréhensibilité de beaucoup de choses, c'est-à-dire, toujours suivant son langage, le surintelligible. Cependant, l'intelligibilité et l'évidence de l'idée engendrent la certitude, qui, quoique subjective, est objective quant à son origine. La pensée se replie sur elle-même dans la réflexion, et à l'aide de la parole elle reproduit intellectuellement le monde idéal. Ce travail réfléchi de l'intelligence constitue la philosophie, qu'on peut définir le développement successif de l'intuition idéale primitive (1). L'idée est uni-

---

(1) *L'esplicazione successiva della prima notizia ideale.*

verselle et infinie. Il n'y a pas de proportion entre la
nature finie de l'esprit et son objet idéal, d'où émanent
toute lumière et toute connaissance. Il suit de là que
dans la première intuition on n'a qu'une connaissance
vague, indéterminée, confuse, que l'esprit ne saurait
fixer, et dont il ne saurait s'approprier l'objet et
avoir une notion distincte. Ici l'idée domine et absorbe
l'esprit. La conscience, la connaissance distincte ne
commence qu'avec la réflexion, laquelle est de deux
espèces, savoir, réflexion psychologique et réflexion
ontologique. La première connaît simplement le sujet;
la seconde connaît l'objet. D'où deux méthodes de la
connaissance : le psychologisme et l'ontologisme. Il
n'y a que la réflexion ontologique qui puisse engendrer
la connaissance scientifique, parce que c'est elle seule
qui reproduit le monde idéal. Cette réflexion, pendant
qu'elle rend claire l'idée, la détermine, mais elle la détermine en lui communiquant cette unité finie qui est
propre non de l'idée elle-même, mais de l'esprit fini. La
parole fixe et circonscrit l'idée en concentrant l'esprit
sur elle-même, en tant que forme limitée par laquelle
l'esprit conçoit d'une façon réfléchie l'infinité idéale.
Sans la parole il n'y a point de réflexion, et sans
réflexion il n'y a point de connaissance de l'idée. Mais la
parole est la révélation : donc sans la révélation la connaissance est impossible. L'Église catholique, comme
dépositaire de la révélation, est la société qui conserve
et propage l'idée. La science qui développe les éléments rationnels est la philosophie : celle qui développe les éléments surnaturels (*sovraraziona'i — surra-*

tionnels), c'est la théologie. La première représente le côté clair de l'idée, l'autre en exprime le côté naturellement obscur, mais éclairé en partie par les enseignements divins. La parole est nécessaire pour apprendre l'idée ; mais la parole dépend de la révélation, et l'Église, en déterminant la parole, définit les éléments intégrants de l'idée. Donc la philosophie est subordonnée à la théologie. La supériorité de la théologie sur la philosophie correspond à celle de la révélation ou de la parole sur la raison. La philosophie développe les éléments intégrants de l'idée; mais elle reçoit ces éléments de la révélation qui est la parole, et des formules de l'Église qui constituent la tradition, laquelle conserve la parole dans sa pureté naturelle. Les systèmes hétérodoxes n'étant pas fondés sur ces éléments sont substantiellement faux, et l'on doit les considérer comme des aberrations de la raison, comme des hypothèses sans fondement, contradictoires, chimériques. La science doit être ordonnée, et l'ordre veut la règle et l'autorité. La règle ce sont les principes et la méthode, et c'est l'Église qui maintient les vrais principes et la vraie méthode, en conservant inaltérable le dépôt des vérités rationnelles, qu'elle met à l'abri de toute attaque par ses oracles. L'autorité, qui maintient et fait valoir la règle, est la hiérarchie catholique. Malgré cela la science n'en est pas moins libre, parce que, sauf les points fixés par l'autorité légitime, l'esprit humain peut se mouvoir librement dans le champ de la spéculation. Si la science avait le droit de mettre en doute la vérité sur laquelle elle est fondée, la vie publique comme la vie privée deviendraient impossibles, la science elle-même serait incertaine et vacillante, et la société s'écroulerait. En outre, la philosophie reçoit, il est vrai, sa matière de la parole ; mais elle l'apprend immédiatement par sa lumière propre et intrinsèque. L'homme admet les intelligibles nonseulement en vertu de l'autorité, mais par l'évidence qui leur est propre. Par conséquent, l'objet de la philosophie ne dépend pas exclusivement de l'autorité, et l'idée est perçue immédiatement en ellemême. Il en est autrement des vérités surnaturelles, qui font l'objet de la théologie. Celles-ci dépendent de la parole révélée : on ne les entend pas, on les croit (1).

Le premier principe philosophique est l'être réel. L'idée de l'être réel contient un jugement. Il est impossible que l'esprit ait l'intuition première de l'être sans savoir que l'être est. Ce qui amène ce jugement — *l'être est nécessairement* — contenu dans l'intuition pre-

---

(1) Il n'entre pas dans le cadre de nos recherches d'examiner quels sont les principes qui animent la pensée politique de Gioberti. Cependant, sa pensée philosophique étant donnée, on peut facilement en déduire sa pensée politique. Si la philosophie ou la raison est subordonnée au dogme, et plus qu'au dogme peut-être à l'Eglise catholique, il est naturel que ce principe, transporté dans la pratique doit se traduire par la subordination de la civilisation et de l'histoire au catholicisme. Et l'on en conclura que pour que ce principe d'ordre et de vérité puisse se réaliser, il faut ramener les institutions à leur origine. C'est là le critérium fondamental du *Credo* politique de Gioberti, critérium qui est aujourd'hui même représenté et suivi en Italie par un grand nombre de soi-disant libéraux et progressistes. On dira sans doute que Gioberti a fait dans son *Rinnovamento* un pas en avant, en y niant le pouvoir temporel du pape. C'est là, on le

mière, c'est l'être lui-même, c'est l'être qui se révèle et qui s'impose à l'esprit. L'esprit, en réfléchissant, répète ensuite ce jugement intuitif. Ce jugement est le principe de la formule idéale qui doit se composer de deux termes unis par un troisième, conformément à la nature de tout jugement. La vraie formule idéale est : *L'être crée les existences* (1). L'esprit, en considérant les existences, ou les êtres existants comme un effet, est obligé d'en rechercher la cause. Et cette cause ne peut être que l'être. L'idée de l'être, en effet, renferme bien le pouvoir de causer, mais non l'acte causateur, si cet acte est libre, comme il doit l'être suivant Gioberti, dans sa cause. L'idée de l'existence est inséparable de celle de l'être, et elle s'offre à nous comme un effet dont l'être est la cause. Dans l'intuition, l'esprit conçoit l'être dans son état concret comme produisant, et, par conséquent, il perçoit les êtres créés comme un terme extérieur auquel se rapporte l'action causatrice de l'être. L'esprit est à tous

---

sait, un nouveau dogme qui a paru de nos jours, qui est prêché non-seulement en Italie, mais en Europe, et qui consiste à refuser au pape tout droit à un pouvoir temporel, mais à lui reconnaître en même temps l'infaillibilité spirituelle, et à insister même sur cette infaillibilité, admettant par là que la papauté est en possession d'une raison supérieure à toute autre raison. Eh bien ! comment ne voit-on pas que si la question est posée en ces termes, ce n'est pas au pape à subir la loi, puisque c'est lui qui l'impose ? Car c'est en lui que réside l'infaillibilité, et c'est lui, et lui seul qui peut décider de son droit et de son pouvoir, et, si l'on veut être conséquent, il faut ajouter de tout droit et de tout pouvoir — *Ille dixit.* — La raison faillible doit s'incliner devant la raison infaillible.

(1) *L'ente crea le esistenze :* ou comme Gioberti énonce aussi cette formule : *L'ente crea l'esistente : l'être crée l'existant.*

les instants de sa vie intellectuelle spectateur immédiat et direct de la création. Si ce que je pense est vrai, et si l'objet est tel que je le pense, l'idée n'étant pas autre chose que l'objet en tant qu'il est perçu, il est clair que la connexion des idées ne diffère pas de celle des objets. Dans la sphère objective, l'être engendre les existences par le moyen de la création. Ce processus ontologique devient processus logique par l'intermédiaire de l'intuition, et par suite les idées d'être, d'existence et de création expriment trois réalités. Transportons-nous par la pensée hors de nous-mêmes et considérons la vérité en elle-même, en supposant que l'intuition par laquelle nous l'apercevons n'est que la simple et véritable aperception de son objet, aperception où l'esprit n'introduit rien de propre dans ce dernier. En nous représentant ainsi la formule idéale, c'est-à-dire en lui accordant la valeur d'un processus objectif et ontologique, chacun de ses membres exprimera une réalité objective et qui subsiste par elle-même hors de notre esprit. Cette réalité est absolue et nécessaire dans l'être, et elle est relative et contingente dans les existences. Le lien entre ces deux membres de la formule est la création, c'est-à-dire une action positive et réelle, mais libre, action par laquelle l'être crée les existences et les causes secondes, et les conserve par l'immanence de l'action causatrice. La notion de création n'est ni plus claire ni plus obscure que les autres notions qui appartiennent à la formule idéale. Toute conception idéale a deux aspects, dont l'un est intelligible et l'autre surintelligible. Le côté clair suppose le côté obscur, comme à son tour le côté obscur suppose le côté clair. Le côté obscur de l'idée est le surintelligible, et ce côté chaque partie du monde idéal le reproduit dans la notion de l'être, ainsi que dans celle de l'acte créateur. Nous pouvons désigner l'élément obscur et surintelligible par le nom d'*essence*. La création, considérée comme lien entre la cause absolue et son effet, est une conception très-claire quant à la causalité en général. Mais la cause est l'être, et si l'essence de l'être est impénétrable, l'essence de la cause, et par suite l'essence de la création elle-même le sont aussi. Autre chose est avoir l'intuition d'un fait, et autre chose est avoir l'intuition de la raison intime de ce fait. Créer, c'est tirer quelque chose du néant, et si, d'un côté, on admet l'acte créateur, on ne saurait, de l'autre, nier le miracle. Le dogme de la création peut seul expliquer la dualité originaire de l'être et des existences. Par conséquent, le point de départ est celui-ci : l'être engendre les existences. De là la nécessité de la méthode ontologique, et l'insuffisance de la méthode psychologique. Et la science catholique est celle qui s'appuie sur une méthode essentiellement ontologique. Elle ne dit pas comme Descartes : *L'homme est, donc Dieu est;* mais elle dit : *Dieu est, donc l'homme existe,* c'est-à-dire l'homme est en Dieu, et il a son être en Dieu. Elle ne dit pas que l'esprit humain tire de ses facultés la notion de l'Être suprême, et qu'il crée Dieu en quelque sorte à sa propre image, mais elle nous enseigne au contraire que c'est Dieu qui crée l'homme à son image.

L'intelligible ne peut être parfaitement intelligible qu'à lui-même ; et en ce sens l'intelligibilité parfaite ne saurait appartenir qu'à la parfaite intelligence, c'est-à-dire à l'être lui-même. L'intelligence et l'intelligible se compénètrent dans l'être, comme dans l'homme la pensée se pénètre elle-même. Tel est l'intelligible relativement à Dieu. Mais l'intelligible divin devient l'intelligible humain en vertu de l'acte créateur. Il suit qu'entre l'intelligible divin et l'intelligible humain il doit y avoir la même différence qu'entre l'être et les existences. C'est cette différence qui constitue le surintelligible. L'intelligible humain est une limitation ou une négation partielle de l'intelligible divin. Le surintelligible est l'intelligible divin en tant qu'il s'élève au-dessus de l'intelligible humain. L'intelligible humain étant limité, créé et contingent ne peut être un intelligible absolument positif, mais il doit plus ou moins renfermer un élément négatif, et cet élément est précisément la limite que pose en lui le surintelligible. Ainsi la raison nous donne l'intelligible, et le surintelligible nous fait connaître la raison comme limitée, imparfaite et impuissante à embrasser l'être en son entier.

On a vu que le jugement contenu dans le premier principe philosophique est insuffisant à constituer la formule idéale. Pour compléter cette formule il a fallu une autre notion, la notion de l'existence, et la notion de la création comme moyen terme entre l'être et les existences. Cette formule idéale ainsi conçue fournit dans ses éléments essentiels et dans son organisme le fondement de l'encyclopédie. Et, en effet, cette formule se compose de trois éléments, le sujet, la copule et le prédicat, c'est-à-dire l'être, la création et l'existence. Or, le sujet ou l'être engendre la science idéale qui se subdivise en philosophie, laquelle a pour objet l'intelligible, et en théologie, laquelle a pour objet le surintelligible. Du prédicat viennent les sciences physiques, qui étudient la nature, l'univers, le monde des existences. Enfin, la copule ou la création fournit la matière des mathématiques, de la logique et de la morale. On peut concevoir de deux façons les rapports entre les deux extrêmes de la formule, savoir, comme une marche descendante, et comme une marche ascendante. Si l'on descend de l'être à l'existence, on rencontre, comme sphère intermédiaire, l'espace et le temps : si l'on remonte de l'existence à l'être, on rencontre les notions de science et de vertu. Les divers objets de ces sciences ont cela de commun qu'ils représentent tous un lien entre l'être et l'existence. Mais par là que la philosophie est la science de l'être ou l'ontologie, elle contient aussi la théologie rationnelle, c'est-à-dire la connaissance de Dieu, en tant que cette connaissance tombe dans le cercle de l'intelligible humain. Et cette connaissance embrasse tous les éléments de la formule, car si l'être contient la racine des attributs les plus essentiels de Dieu, la création et l'existence agrandissent le champ des perfections divines. Cependant la vraie connaissance est celle qui est donnée par la théologie révélée, qui est la science parfaite de la divinité, connue naturellement et surnaturellement, en elle-même, ainsi que dans ses œuvres. Par conséquent, la science de Dieu, mais surtout la science de Dieu telle qu'elle nous est donnée par la théologie révélée, est le couronnement de l'édifice scientifique et l'objet suprême de l'intelligence.

Ce qui précède montre que le but que Gioberti se propose c'est de restaurer la philosophie en ressuscitant la scholastique et la philosophie du moyen âge. Quel était en effet le point de vue qui dominait dans la scholastique? C'est que la vérité est dans la doctrine chrétienne, bien entendu dans la doctrine chrétienne catholique. Vis-à-vis de cette doctrine la philosophie n'a qu'un rôle passif et subordonné à remplir. Ce rôle consiste à en accepter les dogmes, à les exposer d'une façon pour ainsi dire littérale, et à en déduire certaines conséquences. Quant au contenu et à l'essence même des dogmes, il lui est défendu d'y toucher. C'est là au fond le point de vue adopté par Gioberti. La vérité pour lui est dans le dogme, dans les mystères, dans la révélation. La théologie, et la théologie catholique, nous le répétons, est la gardienne du dogme, et la vérité est l'objet propre et exclusif de la théologie. C'est de la théologie que la philosophie reçoit les principes et la méthode. Elle ne peut développer ces principes inaltérables que suivant cette méthode. Ainsi la philosophie est l'*ancilla* de la théologie, et pour ce qui est des mystères, elle doit *famulari*. Or, en adoptant ce point de vue de la scholastique, Gioberti se place, dès le début, hors de la science; car une philosophie qui part de ce principe, que le contenu de la vérité, ou, pour

mieux dire, la vérité est donnée à la pensée comme
une vérité immédiate, qu'elle doit admettre comme
un axiome, et non-seulement comme un axiome, mais
comme un objet qu'elle ne saurait atteindre, et que
par suite elle ne peut ni ne doit soumettre à son examen, une telle philosophie n'est point une philosophie, mais elle est la négation de toute philosophie.
Et c'est en ce sens qu'on peut dire que Gioberti se
place, dès le début, hors de la sphère véritable de la
science.

Une conséquence de cette position antiphilosophi-
que de la scholastique, c'est l'autre défaut qui la ca-
ractérise et la distingue de la philosophie moderne, et
surtout de la philosophie de nos temps, et qui consiste
à partager le monde et l'être en deux, et à considérer
le monde idéal et divin comme absolument séparé du
monde humain et de l'histoire. Gioberti remet en honneur cette doctrine. Le principe de sa philosophie
est, il est vrai, l'idée ; mais l'idée est un objet qui
vient comme se placer devant l'esprit, qui se révèle à
lui, et dont il ne peut avoir qu'une intuition immédiate. Ainsi l'idée est l'objet, et l'esprit est le sujet.
Voilà deux termes distincts, séparés, et dont l'un
demeure extérieur à l'autre. L'idée est une vérité primitive, évidente par elle-même et qui s'impose à l'intelligence dans l'intuition. Mais il n'est pas donné à l'intelligence d'en pénétrer la nature et de s'identifier avec elle.
On a de cette façon une dualité qui annulle au fond la
science et la connaissance ; car, si le principe suprême
des choses, si la vérité absolue, qui est l'idée ou Dieu,

demeure extrinsèque à la pensée, c'est en vain qu'on voudra la saisir. Et, en effet, Gioberti dit que l'idée est l'être en tant que réalité absolue. Mais on pourrait avant tout lui demander en vertu de quel procédé il ramène l'idée à l'être; car on voit qu'il n'est pas arrivé à la conception de l'être par un procédé vraiment rationnel. L'idée se présente à l'intelligence et l'intelligence la voit immédiatement, et elle la voit comme quelque chose qui est; de telle façon que dans l'intuition de l'idée se trouve contenu ce jugement que l'être est. Il faut même dire que le principe de ce jugement est l'être lui-même. Mais lors même qu'on admettrait que l'idée, en tant qu'elle est, est l'être, un tel être pris en lui-même ne saurait embrasser ni n'expliquer la réalité absolue. L'être n'est que l'être. Pour qu'il devienne l'être réel ou absolu, il faut d'autres éléments qui ne sont point en lui, et qui, venant s'y ajouter, le déterminent comme être réel et absolu et lui sont par cela même supérieurs. Ainsi la notion de l'être réel, tant qu'on ne détermine pas ce qui fait sa réalité, ou c'est une abstraction ou une illusion, et dans les deux cas elle n'a pas de valeur scientifique. Que si l'on dit que la réalité ne peut être déterminée, on ne conçoit pas alors de quel droit on en parle. Mais, revenant au point d'où nous sommes partis, nous disons que pour Gioberti l'idée c'est l'être. Ainsi conçue, l'idée n'est qu'un simple objet, ce qui revient à dire que son idéalisme n'est qu'un idéalisme abstrait et arbitraire. Gioberti ne voit pas que l'intuition même de cet objet par la pensée ne serait pas possible, si l'objet n'était pas d'une certaine façon dans la pensée. En tout cas, l'intuition ne suffit pas pour connaître l'objet de la pensée, car connaître l'objet de la pensée, c'est en connaître sa nature intime ; et pour acquérir cette connaissance il faut que la pensée s'identifie avec son objet. On voit par là que la réflexion, telle que l'entend Gioberti, ne saurait remplir cette condition ; car, de quelque façon qu'on se représente la pensée et l'objet, du moment qu'ils sont en rapport, la vraie connaissance consistera dans la connaissance de ce rapport, ou pour mieux dire de leur unité. Or, Gioberti n'a pas même soupçonné que la pensée puisse et doive s'élever à cette unité (1).

Mais le passage de l'être à l'existence (*l'esistente*, l'existant ou ce qui existe) est encore plus étrange et plus arbitraire. L'existence est un véritable *Deus ex*

(1) Nous croirions tomber dans des redites inutiles si nous ajoutions d'autres considérations pour montrer tous les défauts de la conception de l'être de Gioberti. Car tous nos arguments contre l'être de Rosmini s'appliquent exactement à l'être de Gioberti. Et il ne sert de rien de dire que l'être de Rosmini est l'être idéal et possible, et que l'être de Gioberti est l'être réel et absolu. Au fond, nous l'avons déjà remarqué, l'être réel de Gioberti ne vaut ni plus ni moins que l'être possible de Rosmini. Car la vraie réalité n'est pas, pour employer l'expression d'Aristote, suivant le mot, mais suivant la chose : c'est-à-dire qu'il ne suffit pas de parler de réalité, mais qu'il faut la déterminer; autrement l'être réel est une abstraction tout aussi vide que l'être possible. En effet, Gioberti nie la possibilité d'entendre l'être réel et absolu dans son essence. Or, c'est là précisément le point de vue de Rosmini, car Rosmini admet aussi à côté de l'être idéal et possible un être absolu et réel, prétendant, comme Gioberti, que l'intelligence ne peut l'entendre. Il est donc clair que la pensée de Gioberti et celle de Rosmini sont, quant au point essentiel et décisif, complétement identiques.

machina, auquel Gioberti a recours pour avoir l'autre
terme de son jugement primitif. Ce jugement doit
former la synthèse suprême, universelle de toute vérité et toute réalité. Gioberti joint l'existence à l'être
de la même façon dont il a posé en principe que l'idée
est l'être, c'est-à-dire en ne s'appuyant pas sur une
raison véritable, mais parce qu'il lui a plu de penser
ainsi. L'intuition lui a donné l'être. Cette même intuition lui donne l'être comme créateur, comme cause
des existences. Voilà donc un nouveau principe qui
vient on ne sait d'où, le principe de causalité que,
pour le dire en passant, Gioberti transforme en
principe de la création. D'où la formule : *L'être crée
les existences.* C'est là la formule qui doit tout comprendre, tout expliquer, et qui seule est capable de
restaurer la philosophie et de fonder la vraie encyclopédie philosophique. Cette formule idéale fait le contenu de l'intuition immédiate, ou, ce qui revient au
même, l'intuition immédiate est l'intuition de l'acte
créateur. On peut donc dire que toute la philosophie
de Gioberti tourne autour de l'intuition de ce fait, du
fait de la création. Une fois la création admise comme
un postulat, le problème de la science serait, selon Gioberti, résolu, parce que le rapport entre Dieu et l'homme
serait expliqué. Le lien qui unit la cause à l'effet est le
même lien qui unit Dieu à l'homme. Dieu crée l'homme,
et c'est ce qui fait que l'homme est en Dieu, ou qu'il a
son être en Dieu. Mais la réciproque n'est point vraie,
c'est-à-dire Dieu n'est pas dans l'homme, et partant
l'homme ne saurait connaître Dieu dans son essence,

et tout ce qu'il sait de Dieu lui vient de l'intuition que Dieu lui accorde lui-même.

On conçoit comment en admettant la création, en supposant, voulons-nous dire, qu'il y ait eu création dans le sens où on l'entend ordinairement, on conçoit comment on donnerait jusqu'à un certain point la solution du problème même de la science, si l'on donnait une explication vraiment rationnelle de ce fait.

Mais pendant que Gioberti se propose le problème de la création, il est clair que la notion qu'il s'en forme est une notion tout à fait irrationnelle, et que sa formule — l'être crée les existences — est le produit d'une représentation anthropomorphiste, arbitraire, et en quelque sorte matérielle de la création. Ainsi, après avoir posé sa formule — l'être crée les existences, — il y introduit arbitrairement toute espèce de conceptions, telles que la prédestination, la vie future, le mystère de la grâce, et il termine en renversant la formule, et en disant que les existences retournent à l'être. Mais ce qui prouve plus clairement encore que Gioberti a conçu la création d'une façon tout à fait représentative et sensible, c'est que, selon lui, Dieu a créé le monde, parce qu'il l'a voulu, et que, par suite, il l'a créé librement; qu'en outre le monde n'était pas, et que Dieu seul était, et qu'ainsi Dieu a tiré le monde du néant; et qu'enfin Dieu étant la cause libre et absolue du monde, tandis que celui-ci est un être relatif et conditionnel, Dieu se distingue essentiellement du monde.

Comme on le voit, cette doctrine de Gioberti n'est

que la répétition pure et simple de la tradition biblique
et populaire que Gioberti donne pour fondement à sa
théorie. Il y a trois points principaux dans cette conception de la création : la liberté de Dieu en créant ;
la création *ex nihilo*, et la distinction substantielle de
Dieu et de l'homme. Examinons brièvement ces trois
points.

La conception d'une création libre est le résultat
d'une fausse notion qu'on se fait de la liberté humaine,
et plus encore de la liberté divine. On se représente, en
effet, la liberté chez l'homme comme la faculté d'agir
arbitrairement ; de telle sorte qu'il faudrait dire, d'a-
près cette conception, que plus l'homme agit arbitrairement, plus il est libre. C'est cette même notion
de la liberté qu'on transporte en Dieu, en y ajoutant le prédicat d'infini, et en disant que cette liberté
qui est finie chez l'homme est infinie en Dieu ; d'où il
faudrait conclure que si la liberté est le caprice et
l'arbitraire chez l'homme, c'est le caprice et l'arbitraire absolus en Dieu. Mais si chez l'homme, qui est
un être raisonnable, la vraie liberté est la liberté déterminée par la raison, cela sera plus vrai encore en
Dieu qui est la source de la raison, ou, pour mieux
dire, la raison même. Ainsi la liberté divine, qu'on se
représente aussi comme toute-puissante, est dominée
par la raison, c'est-à-dire par l'idée, et c'est même
cette nécessité rationnelle, idéale et excluant l'accident et le caprice, qui constitue la véritable nature
divine. Il n'est donc pas exact de dire que Dieu
n'avait pas besoin de créer l'homme et le monde ; car,

d'abord, la création, admise même comme un fait qui ait eu réellement lieu, montre la réalité de ce besoin. Si Dieu a créé l'homme et le monde rationnellement, et suivant certaines lois, cela veut dire qu'il ne pouvait ne pas les créer. Admettre que la création est un fait rationnel, et supposer en même temps qu'elle aurait pu ne pas avoir lieu, c'est tomber dans une étrange inconséquence ; car la loi, la raison est éternelle et absolue : ce n'est pas ce qui peut être et n'être pas, mais ce qui est ou doit être. En outre, il faut observer que la notion même d'un Dieu créateur implique la nécessité de la création ; car Dieu n'est vraiment créateur qu'en créant, comme la cause n'est cause véritable qu'en causant, c'est-à-dire en produisant son effet. Enfin, pendant qu'on se flatte d'avoir découvert le principe fondamental de la connaissance et de la vérité, on ne voit pas que cette notion d'une création libre détruit toute nécessité, toute connaissance et toute vérité, car elle implique que les choses pourraient être quant à leur nature intrinsèque autrement qu'elles ne sont. Donc la création comme effet d'une liberté contingente et arbitraire est inadmissible, et elle est même la négation de Dieu.

On peut en dire autant de la conception d'une création *ex nihilo*. Un néant absolu, comme on l'imagine ici, ne saurait être pensé ni nommé. Du moment que nous nommons ou pensons le néant, le néant est quelque chose, il a une réalité, à moins que ce ne soit qu'un pur mot. Par conséquent, lorsqu'on parle d'une création *ex nihilo*, ou l'on ne veut

rien dire, ou l'on énonce le contraire de ce qu'on veut
dire. Et, en effet, les partisans de la création *ex nihilo*
ne voient pas que, soit que l'on considère la nature,
soit que l'on considère l'esprit, il faut admettre que les
principes constitutifs de ces êtres sont éternels et absolus ; car, s'ils ne sont pas éternels et absolus, d'où
pourrait-on les tirer? Faudra-t-il dire, par exemple,
que le principe de l'espace, du temps, de la matière,
de la lumière, et plus encore de l'intelligence ont été
tirés du néant? En y regardant de près, cela équivaut
à dire que Dieu lui-même a été tiré du néant ; car, de
quelque façon qu'on se représente ces principes, ou
il faut les placer en Dieu, ou bien, en les considérant
dans leur unité, il faut dire qu'ils sont Dieu lui-même.
Mais il y a, dira-t-on, le devenir dans le monde, et le
devenir signifie que ce qui n'était pas commence à exister ; et c'est là précisément la création *ex nihilo*. Mais
d'abord il n'est pas exact de dire que ce qui devient
n'existait d'aucune façon. Ce qui devient est, et n'est
pas en même temps. Il n'est pas en tant qu'existence
actuelle ; mais il est en tant que possibilité, et en
tant que possibilité qui contient virtuellement la nature entière de ce qui doit devenir ; ce qui montre
déjà l'impossibilité d'une création absolue. Il y a
plus : c'est que le devenir de la possibilité doit se
faire suivant la nature de cette possibilité même, et que
partant le devenir est intimement uni à cette possibilité. Ce qui veut dire que si la possibilité est éternelle
et absolue, le devenir l'est aussi, et il l'est comme un
moment rationnel et nécessaire du tout ou, si l'on veut,

de l'univers. Maintenant, si à côté de la possibilité et du devenir nous considérons l'être complétement développé, l'être concret, nous aurons trois termes ou trois moments d'un seul et même tout. Car, si l'être concret, d'un côté, a ajouté au devenir et à la possibilité des éléments qui ne sont pas dans ces deux termes, il s'est, de l'autre côté, formé et développé en employant et en reproduisant en même temps en lui la possibilité et le devenir. Or, si la possibilité et le devenir sont éternels et absolus, à plus forte raison l'être concret et réel le sera-t-il, de quelque façon d'ailleurs qu'on se le représente; et vis-à-vis de cet être le devenir et la possibilité ne seront que des moments subordonnés. Par conséquent, s'il y a devenir dans l'univers, ce devenir n'est pas hors du tout, de la réalité ou de l'absolu, mais il est comme le temps, comme l'espace, comme la matière, un moment de l'absolu.

En outre, quand nous disons que l'esprit aperçoit l'existence dans son passage du néant à la réalité, nous ne devons pas entendre, suivant Gioberti, ce passage matériellement, mais nous devons l'entendre comme fondé sur la privation d'une raison intrinsèque dans l'existence de l'être créé, raison que l'être créé tire de l'être, lequel est intimement uni aux choses finies, bien qu'il se distingue d'elles. Cette interprétation que donne Gioberti de la doctrine de la création place devant nous d'une façon explicite le dernier point qui nous reste à examiner, suivant lequel il y aurait une différence substantielle entre Dieu et l'homme.

Et premièrement, en nous renfermant dans la conception de Gioberti, autant du moins qu'on peut la saisir à travers un langage équivoque et obscur, dire que l'être créé ou existant a sa raison dans l'être, c'est dire que l'être contient la raison des existences. S'il en est ainsi, on demandera qu'est-ce que cette raison ? Or, de quelque façon qu'on la conçoive, on voit que cette raison ne peut être autre que la nature même de l'être existant. D'où l'on voit aussi que c'est cette nature qui stimule l'être à créer et qui détermine l'acte de la création. Qu'elle existe dans l'être comme une réalité ou comme une simple possibilité, c'est ce qui n'enlève rien à la nécessité absolue des existences.

Mais si nous envisageons la question d'un point de vue plus général, nous trouverons que ce rapport de l'être créateur et de l'être créé devient le rapport de l'être fini et de l'être infini. A cet égard, on nous dit que Dieu est infini et que l'homme est fini, et que l'homme étant fini ne peut embrasser l'infini ; et c'est là aussi la doctrine de Gioberti. On pense avoir par là, sinon levé, du moins diminué les difficultés, et l'on ne s'aperçoit pas qu'on les augmente, on n'aperçoit pas les contradictions et les impossibilités où l'on tombe. Car, d'abord, lorsqu'on se représente l'infini comme différant substantiellement du fini, non-seulement on mutile l'infini, mais on admet à son insu deux infinis. On mutile l'infini, par cela même qu'on place le fini et la nature du fini hors de lui ; on admet deux infinis, par cela même que deux substances absolument différentes sont aussi deux substances absolument indépendantes l'une de l'autre, deux substances dont chacune se suffit à elle-même, c'est-à-dire deux sub-stances infinies.

Que si l'on dit avec Gioberti que le fini n'est pas absolument séparé de l'infini, et qu'au contraire ce-lui-ci est intimement uni au fini (*é intimo alle cose finite*); mais que, cependant, il se distingue substantiellement de ce dernier, nous demanderons sur quel principe on se fonde pour raisonner ainsi? Car, en y regardant de près, on voit que ce raisonnement n'a un sens qu'au-tant qu'on admet cette consubstantialité même de l'in-fini et du fini qu'on veut nier. Et, en effet, si l'infini est intimement uni au fini, le fini à son tour ne sera pas moins intimement uni à l'infini : ce qui veut dire qu'entre ces deux natures ou substances il y a un rapport si intime, que l'une ne saurait être sans l'autre, et qu'en un certain sens l'une est l'autre, ou, pour par-ler avec plus de précision, que ce sont deux moments ou deux sphères, ou de quelque nom qu'on voudra les appeler d'un seul et même principe, d'une seule et même réalité.

Et ici apparaît également le faux de l'autre concep-tion de Gioberti touchant le surnaturel, ou, comme il l'appelle, le surintelligible. Ce n'est pas trop dire que l'objet final que se sont proposé tous les philo-sophes italiens, et qui est au fond de toutes leurs in-vestigations, c'est de montrer l'imperfection et la limi-tation de l'intelligence humaine. La distinction sub-stantielle du fini et de l'infini, c'est là le trait distinctif de la scholastique. La philosophie italienne en général renouvelle ce point de vue, et pose en principe que l'intelligence humaine étant finie, ne saurait être adéquate à l'intelligence divine, qui est absolue et infinie (1). L'homme ne peut atteindre qu'à une connaissance relative et finie.

Ainsi pendant qu'on affirme que nous ne pouvons entendre l'absolu, on nous parle de l'absolu, et l'on nous enseigne que l'absolu est telle chose, et que le relatif est telle autre chose; ce qui revient à dire qu'on nous en parle comme si l'on connaissait l'absolu ou le surintelligible, pour rappeler l'expression de Gioberti. Gioberti admet bien une intuition de l'absolu, intuition qui, suivant lui, nous serait accordée par l'absolu lui-même; mais c'est une intuition qui ne contient pas la connaissance de l'absolu; de telle sorte que nous aurions une intuition de l'absolu sans en avoir la connaissance. Mais, d'abord, cette intuition de l'absolu, qu'elle soit un acte propre et spontané de l'intelligence, ou qu'elle soit déterminée par une action transcendante et mystérieuse de l'absolu lui-même, prouve déjà que l'intelligence est d'une certaine façon adéquate à l'absolu. Ensuite, qu'est-ce qu'une intuition qui n'est pas une connaissance? Et surtout qu'est-ce qu'une intuition de l'absolu qui ne contient pas une connaissance de l'absolu? En effet, ou cette intuition a un objet, un contenu déterminé qu'on peut distinguer de tout

(1) On dira peut-être que ces considérations ne peuvent pas s'appliquer à Galluppi, qui ne déclare pas explicitement, comme l'ont fait Rosmini et Gioberti, de vouloir renouveler la scolastique : ce qui est vrai. Mais si Galluppi diffère à cet égard de ces deux philosophes, il n'en arrive pas moins au même résultat, savoir, à l'impuissance de l'intelligence humaine à connaître l'absolu, Dieu.

autre objet, de tout autre contenu, c'est-à-dire qu'on peut penser et connaître ; ou bien, elle n'est qu'un produit de l'imagination ou, si l'on veut, un pur mot. Ainsi cette intuition de l'absolu à laquelle, comme on peut le voir, a eu recours Gioberti pour échapper au scepticisme est, quand on y regarde de près, l'intuition de rien. C'est qu'en effet l'intelligence étant donnée, la connaissance absolue est donnée aussi ; car l'intelligence est faite pour entendre, et entendre et entendre l'absolu sont une seule et même chose. Si l'on admet que l'intelligible ou l'objet propre de la science est l'absolu, il est évident que l'intelligence doit pouvoir s'approprier cet objet, et qu'elle lui est adéquate; autrement cet objet ne serait plus l'objet de l'intelligence, et l'intelligence ne serait plus l'intelligence (1).

Par conséquent, lorsque Gioberti dit que la connaissance de Dieu (*la notizia di Dio*) est à la fois la base et le couronnement de l'édifice scientifique, il énonce une proposition qui est en désaccord avec ce qu'il y a de plus fondamental dans sa doctrine. Car si nous ne pouvons pas entendre l'absolu, si l'intelligence humaine est une intelligence finie, qui ne peut embrasser l'infini, de quel droit vient-on nous parler de la connaissance de Dieu? C'est ce qui montre d'une façon plus évidente encore le défaut radical de la doctrine de Gioberti; car pendant qu'il pose, et avec raison, ce problème de l'absolu et de la connaissance de l'absolu comme le problème fondamental de la science,

(1) Voyez sur ce point Véra, *Philosophie critique* dans les *Mélanges philosophiques*, p. 38 à 65.

MARIANO.   7

quand on examine de près, et en le dépouillant des précautions, des expédients et, pour ainsi dire, des ombres dont il l'entoure le résultat auquel il arrive, on voit que cette connaissance est interdite à l'intelligence humaine. Il n'y a pas, en effet, deux manières de connaître l'absolu, pas plus que l'absolu ne saurait être de deux manières différentes, ou qu'il ne saurait y avoir deux absolus. Car connaître un objet en général, ce n'est pas en avoir une aperception vague, superficielle et indéterminée, mais c'est en avoir la notion concrète et déterminée. Et il en est de même, et à plus forte raison de la connaissance absolue. Nous voulons dire que si l'intelligence n'est pas apte à connaître la nature déterminée et réelle de l'absolu, elle n'est pas non plus rationellement autorisée à en affirmer la simple existence.

Ainsi, et pour résumer ce qui précède, nous croyons avoir démontré que Gioberti n'a pas rationnellement pensé l'acte créateur, mais qu'il l'a imaginé. Ce qui revient à dire, que, ne se mouvant pas dans la sphère véritable de la pensée, mais dans celle de l'imagination, où tout apparaît comme possible, il a, en quelque sorte, ramassé des éléments accidentels et disparates, qu'il a ensuite combinés à sa façon, en se flattant de résoudre par là le problème de la science. Or, non-seulement il n'arrive point à cette solution, mais dès le début il se met dans l'impossibilité d'y arriver. C'est ainsi que, pendant qu'il prétend combattre le scepticisme, sa théorie aboutit au fond à un résultat sceptique; que pendant que, d'un côté, il nous parle de la connaissance de Dieu comme constituant le point culminant de la science, il nie, de l'autre, la possibilité de connaître Dieu. En admettant en outre comme postulat et comme point de départ le fait de la création, tel que le raconte la tradition biblique, et tel que l'imagine ou le répète la pensée populaire, il a défiguré Dieu et l'homme, leur nature et leur rapport, et partant le problème même de la science. La synthèse, et, si l'on peut ainsi dire, l'exposant de ces défauts de la doctrine de Gioberti, nous les trouvons précisément dans sa formule fondamentale : *l'être crée les existences.* Cette formule représente complétement la pensée de Gioberti, en ce qu'elle n'est qu'un pur formalisme abstrait, indéterminé, et qui n'explique rien. Nous terminerons l'examen de cette partie de la philosophie de Gioberti en faisant observer que telle est la confusion que nous présente son esprit dans l'*Introduction,* qu'on ne saurait dire si c'est le philosophe ou le théologien qui parle. La philosophie et la théologie y sont tellement entremêlées, qu'on serait tenté d'en conclure qu'il n'y a ni l'une ni l'autre (1).

Mais outre l'*Introduction à la philosophie,* il y a ses *Œuvres posthumes.* Et ici on pourrait croire que sa pensée a pris une nouvelle direction, et qu'elle est arri-

---

(1) Telle est l'absence d'unité et de méthode dans la pensée de Gioberti, telles sont les inconséquences où il tombe, que le lecteur pourra rencontrer dans son *Introduction à la philosophie* des points qui semblent mal s'accorder avec le jugement que nous portons sur sa doctrine. Mais s'il s'en tient aux points principaux et essentiels, il tombera d'accord avec nous, et il admettra la justesse de notre critique.

vée à un tout autre résultat. On ne saurait nier, en effet, que ses *OEuvres posthumes*, et surtout sa *Protologie*, nous offrent des traits d'une théorie plus rationnelle et d'une conception plus exacte de la science. Mais il y en a qui ont voulu aller plus loin, et qui non-seulement ont prétendu voir dans ces traits une conversion et une nouvelle allure de la pensée de Gioberti, ou bien un désaveu et une condamnation de sa première doctrine, mais qui ont cru pouvoir en tirer un tout harmonique, un système complet, et le présenter comme l'équivalent du système hégélien. Pour nous rendre compte de la valeur réelle de cette évolution de la pensée de Gioberti, nous allons brièvement extraire de ses œuvres posthumes les points les plus saillants et les plus essentiels (1).

Toutes les facultés de l'esprit, dit Gioberti, se ramènent à la pensée. Mais la pensée est pensée enveloppée et pensée développée. La pensée enveloppée est la sensibilité, et la pensée développée est la raison (*Protologie*, vol. II, p. 8). L'essence de la μετέξις (*métexis*) (2) est la mentalité pure, qui, à mesure qu'elle se développe, devient force mécanique, force physique, force chimique, force instinctive et enfin force rationnelle. Ces forces se distinguent, il est

---

(1) L'édition des *OEuvres posthumes* de Gioberti que nous citerons est celle de Turin par les frères Botta (*fratelli Botta*).

(2) Comme on peut le voir, Gioberti a emprunté ce mot à la philosophie de Platon en en modifiant l'acception, car, par *métexis* il entend la mentalité, cette faculté intermédiaire entre la raison absolue que Gioberti appelle aussi, comme on le verra plus loin, mentalité universelle ou pensée de Dieu, et l'esprit humain.

vrai, essentiellement les unes des autres ; mais c'est seulement par le degré de leur développement : ce n'est pas par leur puissance substantielle qu'elles se distinguent (*ibid.*, p. 417). La pensée immanente se contemple elle-même en parcourant successivement différents moments (réflexion) ; mais cela ne change point la nature de la pensée, et il ne détruit ni ne diminue ' son évidence intrinsèque. La pensée immanente ne tire pas sa crédibilité de l'instrument qui nous fait tourner nos regards sur elle ; mais elle s'affirme comme vraie par elle-même, et elle réverbère sa propre splendeur sur la connaissance médiate, au moyen de laquelle nous nous élevons jusqu'à elle (*Prot.*, vol. I, p. 37). Qu'est-ce que le dynamisme, la vie de l'univers? C'est l'évolution de la mentalité, c'està-dire l'histoire de la conscience depuis ses moments les plus rudimentaires jusqu'à son plus haut degré de développement. Toute réalité est conscience, conscience élémentaire et potentielle, ou conscience achevée et actuelle. La réalité, en effet, n'est qu'autant qu'elle se possède elle-même, qu'elle se réfléchit sur elle-même, et qu'elle s'identifie avec elle-même. Ce retour sur soi-même et cette identification intrinsèque c'est la conscience. Donc conscience et réalité sont synonymes. Dieu et l'univers sont également conscience. Dieu est la conscience actuellement infinie. L'univers est la conscience virtuellement infinie. Il n'y a rien et il ne peut rien y avoir hors de la conscience. Existence, conscience, pensée, c'est là une seule et même chose. Les divers degrés, les moments divers et les di-

verses sphères de la réalité sont les degrés, les moments
et les sphères de la conscience. Mais la conscience
est l'âme. Donc l'âme c'est le tout. Ce psychologisme
transcendant est le vrai ontologisme. Avoir eu l'intuition de cette vérité, c'est ce qui fait le caractère
original et profond de la philosophie de Fichte.
Descartes avait dit : Je pense, donc je suis; mais il
n'avait nullement aperçu l'importance de cette proposition (*Prot.*, II, 925 et 926). L'activité primitive et
la pensée primitive se réfléchissent sur elles-mêmes
par un seul acte, qui contient un double terme, lui-
même et l'être. La pensée primitive en tant que primitive, se connaît nécessairement elle-même; si elle
ne se connaissait pas elle-même, elle ne pourrait
saisir l'être (*Prot.*, I, 172 et 173). L'esprit individuel
est en communion avec Dieu par la parole intérieure
et par l'intuition. Le créateur est en rapport avec
l'homme en tant que volonté et en tant que pensée
(*Prot.*, II, 42). Dans les choses sensibles se trouvent à
l'état d'enveloppement les intelligibles. L'être est identique avec l'intelligible (c'est-à-dire avec l'idéal, mais
non avec la pensée) (*Prot.*, I, 271). Nous avons dit que
l'intuition n'a qu'un seul objet. Il y a cependant dans
cet objet la racine de toute différence. En effet, l'intuition, en saisissant la formule idéale, saisit la création et le monde. Mais le monde, en tant qu'il est
l'ensemble des idées, est un dans l'idée (*ibid.*, 156).
Dieu est force productive infinie. Il produit au dedans
et hors de lui-même. Qui dit Trinité dit création. Mais
Dieu ne peut produire autre chose que lui-même. L'acte

créateur, qui dans sa racine est acte pur, a pour fin lui-même. L'acte créateur est donc un acte théogonique. Dieu se fait lui-même infiniment ou finiment. Il se fait infiniment : c'est la génération et la succession des personnes divines. Il se fait finiment : c'est la création du monde. Le monde est un Dieu imparfait, ébauché ; la cosmogonie est une théogonie (*ibid.*, 359). Les choses créées n'existent isolément que dans les abstractions de notre intelligence, et dans notre imagination (*Philosophie de la Révélation*, p. 4). La liberté catholique est la liberté suprême, parce qu'elle est absolue, et parce que toute autorité lui est soumise. L'autorité catholique se fonde tout entière sur la liberté de l'individu. L'acte libre et en un certain sens créateur de l'individu engendre avec un *Fiat* la foi, et avec la foi son objet. C'est la doctrine de Fichte appliquée à la révélation. L'homme, à proprement parler, crée lui-même son Église, son Dieu, son culte, son dogme. C'est ce qu'il fait toujours, et cela lors même qu'il s'efforce de faire le contraire, parce qu'il est métaphysiquement impossible qu'il y ait un acte de la volonté qui ne soit pas essentiellement autonome. La mentalité est essentiellement autonome par sa nature ; c'est une autonomie créée qui dépend seulement de l'acte créateur, et qui non-seulement est une copie, une imitation de cet acte, mais qui y participe... La moralité elle-même est la liberté à l'égard de Dieu ; ce que Moïse signifie lorsqu'il nous montre Dieu faisant et renouvelant un vrai contrat social avec les hommes. Être libre c'est choisir Dieu, c'est presque

créer Dieu, ou, pour mieux dire, c'est concourir à la
création de Dieu, parce que si Dieu se crée lui-même,
en tant que l'homme intervient dans l'acte créateur, il
suit qu'en ce sens l'homme crée Dieu. Donc l'homme
rend en toutes choses la pareille à Dieu. Dieu crée
l'homme, et l'homme crée à son tour Dieu, et en ce sens
la doctrine de Fichte est vraie... Je suis catholique
librement. Je crois au pape, parce que je veux y
croire; et en y croyant je le juge, je le reconnais, je le
place sur son trône, parce que je dis librement : il est
pape. Si je ne voulais pas le dire, toutes les puissances
de l'univers ne pourraient m'y contraindre. Je suis
libre comme Dieu lui-même quand il crée le monde. La
mentalité est une liberté et une autonomie suprême
(*Réforme catholique*, § 124). Le surintelligible c'est simplement l'essence de l'esprit qui n'est pas encore réalisée, et il va en diminuant et en devenant intelligible
à mesure que l'essence se réalise. La surintelligibilité,
c'est l'essence enveloppée, et l'intelligibilité, c'est
l'essence développée (*Prot.*, passim). Dans la gloire
céleste il y aura compénétration de toutes les intelligen-
ces, c'est-à-dire la *mentalité* se trouvera achevée par sa
participation à la *mentalité* universelle. Tous les esprits
vivront dans la pensée de Dieu (*Prot.*, II, 248). L'infini
est la puissance du fini, comme le fini est à son tour
la puissance de l'infini (*Prot.*, I, 638). L'acte créateur
en tant que subsistant, c'est Dieu lui-même; c'est le
rapport absolu, infini (*ibid.*, 194) (1).

(1) Nous prions le lecteur de ne pas nous accuser d'avoir présenté
ces pensées sous cette forme décousue et en quelque sorte dans un

On ne saurait disconvenir qu'il y a dans ces vues, nous ne dirons pas une pensée vraiment spéculative, mais un semblant d'une pensée spéculative. Et, en effet, on y trouve énoncée l'unité de la réalité et de la conscience ; de telle façon que la réalité n'est plus une réalité purement objective, mais objective et subjective à la fois, et qu'à son tour la conscience n'est plus une faculté exclusivement subjective, mais subjective et objective tout ensemble. De plus, on y reconnaît que la pensée primitive n'est pas seulement la pensée de l'être, mais de soi-même aussi, et que par suite la connaissance de soi est la condition nécessaire de toute conscience et de toute réalité. L'intuition comme unité d'elle-même et de l'être exprime la vraie nature de la pensée, qui consiste dans l'unité du sujet et de l'objet. Si l'acte créateur est un acte qui a pour fin lui-même, et si, suivant l'expression de Gioberti, Dieu se crée lui-même comme infini et comme fini, c'est-à-dire comme monde, il suit que le vrai infini est l'unité de lui-même et de son contraire, c'est-à-dire il est l'unité de l'infini et du fini, et que, par conséquent, le fini ne peut différer substantiellement de l'infini. On y parle également d'une autonomie, et d'une liberté aussi absolue que celle de Dieu. Le surintelligible n'est plus une limite absolue, mais une limite qui est sans cesse reculée et surpassée, et c'est ainsi

état de confusion. Qu'il nous soit permis de dire que la confusion n'est pas en nous, mais dans Gioberti. Et même la faute n'en est pas entièrement à Gioberti, car ses œuvres posthumes ne sont que des pensées qu'il avait jetées sur papier, et dont on a cru pouvoir faire après sa mort la matière d'une publication.

qu'il devient l'intelligible. Enfin Dieu ou l'absolu y est conçu comme *mentalité* ou rapport du fini et de l'infini.

Ce sont là des vues qui, au premier coup d'œil, peuvent faire croire que Gioberti s'était placé sur la voie qui seule peut conduire à la vraie solution du problème de la science. Et en considérant la chose de ce point de vue, et sous l'impression produite par les quelques traits que nous venons d'indiquer, on pourrait en conclure que Gioberti a abandonné cette attitude hostile et antihistorique que, comme nous l'avons vu, il avait prise à l'égard de la philosophie. Cependant, en examinant la chose de près, on découvre bien vite que ces vues ne lui appartiennent point, et que ce ne sont pas en réalité ses vues. Et ce qui le prouve d'abord, c'est qu'il reprend immédiatement sa première position vis-à-vis de la philosophie, ce qui fait qu'il se contredit dans ses œuvres posthumes elles-mêmes, et que, pour ainsi dire, il y annule sa propre pensée.

L'être perçu par l'acte intuitif, dit-il en effet, dans l'état immanent de la pensée, est l'être absolument objectif (*Protologie*, vol. I, p. 173). La pensée immanente n'est pas un jugement. Elle n'implique pas la conscience. L'être perçu par l'acte intuitif de la pensée immanente est une simple perception. L'affirmation est dans l'objet : elle n'est pas dans le sujet : c'est l'être qui, se représentant à l'esprit comme intelligible, se révèle, c'est-à-dire s'affirme lui-même. L'esprit humain est un simple spectateur. Le jugement qui y intervient est objectif : c'est la simple évidence sans

doute comme sans certitude. Dans la pensée immanente,
ce n'est pas l'homme qui dit : l'être est; mais c'est
l'être qui dit à l'homme : je suis... La pensée discur-
sive (réflexion) perçoit Dieu en rapport avec les existences (*ibid.*, 162, 163 et 165). L'homme voit la pensée
et l'action de Dieu, parce que Dieu se manifeste à lui.
C'est en cela que consiste la connaissance, qui par
suite est une vraie révélation (*ibid.*, 235). L'intuition
est l'acte primitif de la pensée sans conscience (*Prot.*,
II, 65). L'intuition étant la connaissance virtuelle,
nous représente toutes les vérités enveloppées dans
l'embryon de la puissance; elle ne nous les représente
pas encore comme développées et actuellement dis-
tinguées et marquées par la réflexion. La réflexion
substitue la différence et l'unité de l'harmonie à
l'unité de la confusion (*Prot.*, I, 154). L'intuition nous
donne l'essence de Dieu; la réflexion, ses attributs
(*Prot.*, II, 90). Par la réflexion nous saisissons *impar-
faitement* l'idée que l'*être* a de lui-même, et nous nous
mettons en communication avec l'intelligence divine.
L'intuition nous donne simplement l'être, et la réflexion nous donne l'être intelligible et l'intelligence;
elle nous donne l'idée que l'être a de lui-même. Ainsi
la réflexion complète l'œuvre de l'intuition. La réflexion ne change point les choses, mais elle les per-
fectionne, en les ramenant à leur essence naturelle, en
ramenant l'image à son exemplaire (*Prot.*, II, 419).
Notre intelligence actuelle ne peut saisir l'intelligible
pur et concret de l'intuition qu'en le changeant par
la réflexion en un intelligible mélangé et abstrait

(*ibid.*, 124). L'objet de l'intuition est infini. Nous voyons donc l'infini, mais nous le voyons d'une façon finie. L'intuition voit l'acte créateur, mais elle n'y participe point. L'acte de la réflexion, au contraire, en tant qu'il saisit l'acte créateur, est un acte dialectique et con-créateur (*Prot.*, I, 156). La philosophie doit obéir au sens commun quant à ses premiers principes et à ses dernières conclusions. Elle doit s'en éloigner dans ses degrés intermédiaires et dans sa méthode, c'est-à-dire dans la connexion scientifique de ses parties. C'est que le sens commun est l'intuition, et que la réflexion scientifique doit partir de l'intuition (*ibid.*, 80). Et c'est là la différence de la philosophie et de la religion. La première est surtout du domaine de la réflexion; et la seconde du domaine de l'intuition; ce qui fait que celle-ci domine la première; et puisque la réflexion se fonde sur l'intuition, la philosophie aussi doit se fonder sur la religion (*ibid.*, 85). La formule idéale intuitive a besoin, pour devenir réfléchie, de la parole, qui est comme le pont qui joint l'intuition à la réflexion. Cette parole a été engendrée par l'idée elle-même, et elle est conservée et transmise par l'Église (*ibid.*, 236 et 237). Les principes sur lesquels se fondent les rationalistes modernes sont des préjugés philosophiques et vulgaires : tels sont l'autonomie de la raison, l'impossibilité du surnaturel et du surintelligible, etc... Si la révélation est vraie, l'autonomie de la raison est absurde. L'homme ici-bas n'a conscience que du cosmos. C'est la mort qui lui donne la conscience de la palingénésie. Le cos-

mos est dans le temps, la palingénésie dans l'éter-
nité. La palingénésie est la fin du cosmos (*Prot.*,
II, 727). L'intelligible pur, c'est l'intelligible qui se
réalisera dans la vie paradisiaque (*nello stato olimpico*)
(*ibid.*, 124). Les idées sont en Dieu, et elles font en
lui une seule et même idée, laquelle se disperse et
passe de l'état d'intelligibilité absolue à celui d'une
intelligibilité relative dans l'acte créateur. L'intelligence et la liberté sont dans l'origine deux tables
rases sur lesquelles on écrit dans le temps. L'essence
de l'être créé est la virtualité, et partant la perfection.
La perfection de l'être créé n'est donc pas au début,
mais à la fin : elle n'est ni cosmologique, ni proto-
logique, mais téléologique et palingénésiaque (*Prot.*,
I, 45). Dieu est le principe et la fin de la philosophie.
Ainsi le principe de la philosophie est un principe antérieur au monde (*premondano*) ; et sa fin est une fin
au delà du monde (*oltremondano*). Il y a là un mystère
et un secret, dont la révélation est la clef. De là vient
l'immutabilité de la philosophie. La philosophie muable, dont on écrit l'histoire et l'on raconte les vicissi-
tudes, est la philosophie hétérodoxe, qui n'est une
philosophie que de nom (*ibid.*, 195). Il est permis
d'aspirer à la philosophie divine ; mais il est impossible de l'atteindre. La philosophie divine est absolue ;
la philosophie humaine relative. La philosophie divine est en dehors et au-dessus de l'acte créateur, et
par cela même en dehors et au-dessus de l'intelligence
humaine. La philosophie divine est la possession intellectuelle de l'être en son essence et en son unité

infinie. Si la philosophie divine est inaccessible à l'homme, elle doit être l'idéal de la philosophie humaine. La philosophie humaine, qui est une participation à la vérité absolue ici-bas, ne sera qu'une imitation, une ombre dans l'autre vie (*ibid.*, 65). L'homme ne doit connaître ni le seul relatif, ni le seul absolu, mais tous les deux, puisqu'il a l'idée et le besoin de tous les deux : et il peut les connaître, et il les connaît en effet tous les deux, parce qu'il les voit également tous les deux, et qu'il les voit réunis, et réunis indivisiblement dans l'acte créateur... Les philosophes passés n'ont pas bien saisi le lien de ces deux termes, parce qu'ils ignoraient la création. Avant Galilée, la philolosophie chrétienne a voulu séparer l'absolu du relatif; après Galilée, elle a voulu séparer le relatif de l'absolu ou les confondre ensemble. Voilà pourquoi la vraie philosophie n'est pas encore née. La vraie philosophie doit être une philosophie métaphysique et positive, et elle est telle lorsqu'elle se fonde sur le principe de la création, et qu'elle embrasse inséparablement Dieu, le monde et l'homme, suivant l'ordre énoncé dans la formule (*ibid.*, 80).

On voit par ces passages comment Gioberti nie tout ce qu'il avait admis d'abord. L'intuition était d'abord objective et subjective, ici, au contraire, l'objectivité appartient exclusivement à l'idée, et l'intuition, la conscience et la pensée ne sont que des facultés subjectives et extrinsèques à l'objet. En tant qu'unité du sujet et de l'objet, l'intuition était d'abord une puissance primitive et infinie, primitive et infinie comme l'intelligibilité elle-même ; par contre, ici l'intuition est devenue une faculté finie, la faculté d'entendre finiment son objet infini. Et pendant que l'intuition était d'abord la connaissance absolue, ici elle n'est plus qu'un simple germe de la connaissance et elle est inférieure à la réflexion ; laquelle, bien qu'elle soit supérieure à l'intuition (1), n'est, elle aussi, qu'une faculté finie, limitée et relative. On avait affirmé d'abord la liberté et l'autonomie de la raison, ici au contraire on la nie, et la philosophie est soumise à l'Église, à la révélation et à la religion. Le surintelligible avait été d'abord présenté comme un terme qui, pour ainsi dire, s'évanouit et se dissout dans la connaissance ; ici il redevient une limite fixe et infranchissable. Enfin l'absolu n'était plus d'abord un simple terme abstrait et identique avec lui-même, mais un rapport, l'unité nécessaire des deux termes différents, de l'infini et du fini ; ici, au contraire, ce rapport est ramené de nouveau, comme dans l'*Introduction*, à la conception formelle de la causalité, et à la représentation matérielle du fait de la création. C'est qu'en effet ce rapport, que Gioberti avait d'abord affirmé, était une conception abstraite et indéterminée. Il fallait le déterminer, et lorsqu'arrive le moment de le déterminer Gioberti ne trouve d'autre moyen que de revenir à l'être en tant que cause des existences.

---

(1) Nous disons qu'elle est *supérieure à l'intuition* pour nous en tenir à l'une des nombreuses variantes de la pensée de Gioberti, que le lecteur attentif pourra découvrir dans les passages mêmes que nous avons cités.

En présence de ces contradictions, de ces obscurités et de cette confusion de la pensée de Gioberti, quel jugement devons-nous porter sur sa doctrine?

Il en est qui, en torturant ses paroles, ont voulu découvrir dans sa doctrine un sens et un contenu qui est bien loin de son esprit et de sa signification réelle. Voici comment on s'y est pris. On a commencé par faire la critique de la pensée de Gioberti, et procédant par l'absurde et montrant les inconséquences dans lesquelles on tomberait si l'on admettait l'expression littérale de sa pensée, on en a conclu qu'il faut reconnaître comme rationnelle une théorie opposée à celle exposée par l'auteur. On croirait, d'après cela, que le but qu'on se proposait était de réfuter Gioberti, ce qui serait la conséquence naturelle de la critique qu'on en fait; et cependant, à notre grand étonnement, nous voyons que la conclusion qu'on en tire, c'est que cette même théorie rationnelle existe déjà substantiellement dans l'esprit de Gioberti (1). Et après avoir fait subir aux paroles et

(1) C'est là la méthode généralement suivie par M. Spaventa dans son exposition de la philosophie de Gioberti, et surtout dans la détermination de la pensée fondamentale de cette philosophie. Le vrai problème de la création, suivant M. Spaventa, comprend le problème de l'esprit. Mais Gioberti, dit-il, s'est proposé le problème de la création ; donc il s'est proposé le problème de l'esprit. C'est là ce qui constitue le point de départ, le point d'arrivée et le fil régulateur des points intermédiaires.

Or qui ne voit pas qu'autre chose est dire que Gioberti aurait dû entendre ainsi le problème, et, autre chose, qu'il l'a réellement entendu ainsi. Et il faut noter comme un trait caractéristique de cette interprétation de Gioberti, que pendant que celui-ci dit que *l'esprit est créé*, on prétend qu'il a voulu dire que *l'esprit se crée et s'engendre*

aux pensées décousues, arbitraires et discordantes de
Gioberti cette transformation magique, on a voulu en
faire sortir un tout harmonique et complet, et l'on a
prétendu que les dernières contiennent la conciliation
des premières, en d'autres termes, que les œuvres posthumes de Gioberti renferment la vraie solution des

lui-même, et qu'en tant qu'il s'engendre lui-même, l'être qu'on appelle *créé* est *l'être créateur*. Prenons en quelque sorte au hasard
un cas où l'on peut voir l'application de ce procédé, que nous avons
appelé procédé par l'absurde. Supposons que l'univers soit composé
de ces trois termes, l'infini, le fini et leur rapport. Pour entendre ces
termes par où faut-il commencer? M. Spaventa nous dit que la vraie
méthode est la méthode dialectique, suivant laquelle on part du fini
et l'on va à l'infini comme au terme en lequel se résout le fini.
On aura alors le vrai infini, l'infini qui n'a pas le fini hors de lui et
comme un terme qui lui est opposé. Et en effet, ajoute-t-on, le
fini ne saurait être quelque chose de vrai et de réel que dans l'infini;
ce qui veut dire qu'il n'est qu'un effet, ou qu'un moment de l'infini.
Ainsi, en commençant par l'abstrait et l'*indéterminé*, on s'élève à
l'absolument concret et déterminé. Mais ici la médiation, pour ainsi
dire, se dissout et s'annule elle-même, et l'absolu médiat se produit
comme absolument immédiat, parce que sa médiation est la médiation
de lui-même avec lui-même. Cette immédiatité, cette présence absolue de toute chose en soi-même, ou, si l'on veut, cette omnipré-
sence, c'est l'esprit.

Admettons pour le besoin de la discussion que ce soit là
la vraie méthode et la vraie conception de l'esprit. M. Spaventa
prétend que l'intuition de Gioberti, telle qu'elle se trouve dans ses
Œuvres posthumes, contient et exprime cette même conception
de l'esprit. Une telle prétention se fonde sur ce que Gioberti dit dans
sa *Protologie* (vol. I, p. 85), que «du point de vue de la réflexion
» le contingent a hors de lui sa raison, tandis que dans l'intuition la
» vérité se présente, pour ainsi dire, à l'envers : *le nécessaire crée le*
» *contingent*. La réflexion crée l'analyse, et l'intuition crée la syn-
» thèse ». Mais on ne voit pas, et c'est là le point décisif, que dans
l'intuition de Gioberti le nécessaire qui crée le contingent, ou, ce qui
revient au même, l'action de l'infini qui pose le fini, est une action
matérielle et extrinsèque, et nullement une action intrinsèque ; et
que l'intuition est toujours la représentation d'un fait extérieur, et

contradictions qu'on peut rencontrer dans ses écrits précédents. Si ce travail de reconstruction n'avait pas eu d'autre but, nous nous serions borné à dire et à montrer que ce travail ne pouvait aboutir à aucun résultat, et cela de quelque point de vue qu'on le considère, qu'on le considère du point de vue de la pensée uni-

nullement le témoignage intime que l'esprit se rend à lui-même. L'esprit conçu comme principe absolu qui se pose à lui-même sa médiation est une conception complétement étrangère à Gioberti et à son intuition.

Les applications que M. Spaventa fait du procédé que nous venons d'indiquer sont nombreuses. Nous ajouterons un autre exemple, qu'on pourra facilement étendre à ces applications, et qui montre combien l'interprétation que M. Spaventa donne à la philosophie de Gioberti est arbitraire, confuse et erronée. Suivant Gioberti, c'est de l'être que nous passons aux existences, par la raison que le contingent ne peut être connu qu'à la condition de connaître le nécessaire. M. Spaventa fait observer à cet égard qu'il n'est pas moins vrai de dire que le nécessaire présuppose le contingent, parce que le premier ne peut être connu sans le second. Le nécessaire ne saurait être connu avant le contingent, parce qu'il est le résultat de la dialectique du contingent ; et le contingent n'est point connu avant le nécessaire, parce qu'on ne le connaît qu'autant qu'il se résout dans le nécessaire comme dans son principe ; ce qui veut dire que le nécessaire se développe du contingent. En d'autres termes, la notion immédiate du contingent, développée dialectiquement, aboutit à la négation d'elle-même, et cette négation est le nécessaire ou la vérité du contingent. Tout ceci peut être exact : admettons même qu'il le soit. Que faut-il conclure de là ? Faut-il conclure que cette dialectique est dans Gioberti, ou bien qu'elle n'y est pas ? Si elle n'y est pas, tout cet échafaudage de M. Spaventa tombe par cela même. Prétend-on qu'elle y est ? Mais c'est précisément ce qu'il faut démontrer. Car il est évident qu'elle n'est ni dans les paroles ni dans la pensée de Gioberti, et que pour celui-ci la conception du nécessaire et du contingent est une conception purement immédiate, représentative et matérielle. Et il est clair qu'en procédant de la sorte on pourra avoir ou ne pas avoir à volonté du platonisme, de l'aristotélisme, de l'hégélianisme, mais qu'on n'aura jamais la philosophie de Gioberti.

verselle, ou du point de vue de la pensée italienne.
Mais on est allé plus loin, et l'on a prétendu que Gioberti, qui marque le dernier degré auquel s'est élevée
la spéculation italienne, coïncide avec le dernier résultat de la spéculation allemande, c'est-à-dire avec
Hégel. Or, peut-on prendre au sérieux cette prétention?

Suivant nous, tout le progrès qu'on peut remarquer
dans la pensée philosophique de Gioberti, telle qu'elle
est exposée dans ses œuvres posthumes, est une conséquence de l'influence de l'hégélianisme ; mais ce n'en
est, nous nous hâtons d'ajouter, qu'une conséquence
irréfléchie et superficielle (1). Et ce qui le prouve, c'est,
nous le disons encore, que ce progrès se trouve immédiatement démenti et nié par un retour de Gioberti à sa
doctrine primitive. Ce retour et la contradiction où Gioberti s'est mis avec lui-même démontrent deux choses :
a) ils démontrent en premier lieu que ce progrès n'a
pas modifié le fond et la substance de sa pensée. La pensée de Gioberti, en effet, se montre toujours la même ;
nous y trouvons toujours la même dualité, la même
distinction substantielle de l'infini et du fini : l'infini

(1) On sait que Gioberti n'était point versé dans la littérature et
dans la philosophie allemande. A l'époque où il jetait sur papier les
pensées qu'on a recueillies ensuite dans ses œuvres posthumes, la
philosophie hégélienne n'était connue en France que par l'exposition
superficielle qu'en avaient faite Barchou-de-Penohen et Willm, et par
quelques indications également superficielles qu'en avait donné M. Cousin dans ses fragments. Or il est clair pour nous, et nous croyons
qu'il le sera pour tous ceux qui voudront approfondir ce point, que
c'est dans ces livres que Gioberti a puisé ces pensées, qu'on a voulu
présenter comme des pensées profondes et originales.

crée le fini, mais le fini ne saurait comprendre l'infini
ni s'identifier avec lui. Le retour de l'existence à l'être
est toujours un fait d'outre-tombe. La vie actuelle est
une préparation à la vie future ; mais celle-ci n'a rien
à faire avec celle-là. Ainsi le principe et la fin de
l'homme sont hors de lui. C'est dans la vie future que
le problème du surintelligible trouve sa solution.
C'est là qu'on pourra contempler l'exemplaire : dans
la vie actuelle nous ne pouvons qu'en tracer l'image.
La création est toujours conçue d'une façon matérielle
et anthropomorphiste. Le rapport de l'infini et du fini
est toujours un rapport de causalité. L'effet y est mis en
face de la cause : il n'est rien lui-même, et toute réalité
est dans la cause. Ainsi la pensée de Gioberti demeure
toujours une pensée représentative et extérieure à son
objet. Ils démontrent en second lieu, *b)* que Gioberti
n'avait pas la conscience de lui-même et de sa pensée, ce qui fait aussi que sa pensée n'est qu'une pensée
abstraite, indéterminée et sans contenu. Peu importe
dire que la vie universelle de l'existence est l'évolution de la mentalité ; que toute réalité est conscience ;
que Dieu et l'univers sont tous les deux conscience ;
que la pensée se crée nécessairement ; que Dieu crée
l'homme, et que l'homme crée à son tour Dieu ; que Dieu
est la mentalité pure ; que Dieu est le rapport absolu,
infini, etc. Toutes ces propositions, et d'autres propositions semblables ainsi énoncées ne sont que des
généralités vagues, indéterminées et destituées de
toute valeur vraiment scientifique. Car l'essentiel c'est
de déterminer et de démontrer ces pensées, et de les

déterminer, et de les démontrer en les développant systématiquement ; autrement on n'aura que des pensées irréfléchies, fortuites et combinées d'une façon arbitraire et extérieure. Et que tel soit l'état de la pensée de Gioberti, que la pensée de Gioberti, voulons-nous dire, soit une pensée irréfléchie, arbitraire et sans conscience d'elle-même, est prouvé surabondamment par les considérations qui précèdent. Car ces considérations montrent que non-seulement sa pensée n'est pas une pensée vraiment systématique, mais qu'elle se désavoue et se renie elle-même, puisque, comme nous l'avons vu, Gioberti admet d'un côté ce qu'il rejette de l'autre. Et en vérité nous ne concevons pas comment on a pu établir un parallèle entre l'intuition de Gioberti et la pensée de Hégel, et comment en découvrant, nous ne savons par quel procédé, un certain rapport entre cette intuition et cette pensée, on soit allé jusqu'à vouloir identifier Hégel et Gioberti. A ce titre, on ne voit pas pourquoi, en reculant ou, pour mieux dire, en faisant reculer Hégel jusqu'à Anaxagore, on ne dirait pas que le νοῦς d'Anaxagore est exactement la pensée d'Hégel. Car, en cherchant bien, on pourra découvrir des rapports entre ces deux choses. Et il y a en effet, et il doit y avoir un tel rapport, et nous ajouterons que ce rapport est un rapport plus intime et plus vrai que celui qui peut exister entre l'intuition de Gioberti et la pensée de Hégel. Mais qui s'aviserait de conclure de ce rapport que le νοῦς d'Anaxagore est la pensée ou, si l'on veut, l'esprit tel que l'a conçu Hégel ?

Mais, sans vouloir insister plus longtemps sur ce point qui est trop évident par lui-même, où est, demanderons-nous, dans Gioberti la construction systématique des différentes parties de la science, telle que nous la trouvons dans Hégel? Où est l'encyclopédie, le système de la science achevé et organisé de Hégel? Où sont la logique, la philosophie de la nature et la philosophie de l'esprit, ces trois membres d'un seul et même organisme, ces trois sphères qui dans leur différence coexistent et se concentrent dans un seul et même principe? Où sont ces riches développements de la philosophie de l'esprit, la philosophie du droit, voulons-nous dire, la philosophie de l'art, la philosophie de la religion et la philosophie de l'histoire? Où est l'histoire de la philosophie, sans laquelle une vraie philosophie, la philosophie qui concilie l'idée et le fait, la science et l'histoire, l'absolu et le monde n'est pas possible? Où est enfin, et pour nous résumer, cette dialectique divine dont parle si souvent Gioberti sans l'entendre, et que Hégel a su réaliser d'une façon si merveilleuse? Rien de tout cela n'est dans Gioberti. Otez les quelques pensées qui, au premier coup d'œil, paraissent avoir une valeur scientifique, mais qui au fond ne sont que des pensées accidentelles, irréfléchies et dans un état de mélange et de confusion, tout est dans Gioberti *pulvis et umbra*. Que si l'on disait, comme on a dit en effet, que si Gioberti avait eu le temps de développer les germes de sa pensée, ces germes auraient produit un fruit mûr et parfait, on reconnaîtra que, sur ce terrain,

toute discussion devient impossible. Si cette façon de
raisonner devait être admise, on ne comprend pas pourquoi on parle de Platon, par exemple, comme d'un
personnage qui a une signification propre et différente de celle de Hégel. Car on pourrait dire, et de
Platon on pourrait le dire avec plus de raison que
de Gioberti, que s'il avait vécu jusqu'à nos jours et
s'il avait eu le temps nécessaire pour féconder et
développer sa doctrine, il se serait élevé à ce même
degré de puissance spéculative qu'a atteint Hégel; ce
que l'on comprend fort bien, mais ce qui est parfaitement absurde.

C'est là notre opinion sur la philosophie de Gioberti,
et à ceux qui viendront nous dire que Gioberti est
Hégel, nous répondrons en peu de mots, que d'un
côté le désordre et le vide de la pensée de Gioberti, et
d'un autre sa vieillesse et sa langueur, nous autorisent à
affirmer que Gioberti n'est pas seulement une apparition inutile dans l'ordre de la pensée comme dans
celui de l'histoire, mais que c'est la négation de l'histoire et de la science.

CHAPITRE V

PHILOSOPHIE DE FRANCHI.

Les doctrines des trois philosophes précédents comprennent et ferment ce qu'on a présenté comme constituant la période et le développement de la philosophie italienne contemporaine. Mais le développement de la pensée philosophique suppose une succession et une continuité idéales. C'est ce qu'on ne rencontre pas chez les philosophes italiens. Entre eux il y a bien succession, mais il n'y a ni développement ni filiation; ce qui veut dire qu'ils se succèdent bien dans le temps, mais qu'ils ne se succèdent pas dans la pensée. Cependant, nous l'avons vu, ils sont tous animés par un seul et même esprit, et ils arrivent tous à un seul et même résultat, puisque la conclusion commune à laquelle ils arrivent, c'est que la science n'a qu'une valeur relative et limitée; ce qui implique au fond la négation de la science, et ce qui fait que leurs théories présentent un étrange amalgame de dogmatisme et de scepticisme. Comme conséquence de cette manière d'envisager la science, ils professent tous de leur dévotion à l'Église catholique et au pape, et ils s'effor-

cent d'en assurer la suprématie contre les prétendus
droits de la raison et du libre examen. Nous avons
déjà fait observer que ce sont les doctrines de ces philosophes qui ont eu le plus d'influence en Italie jusqu'à nos jours. Toutes y ont fondé une école et y ont eu
leurs disciples. Aujourd'hui même, ce qui reste de cette
philosophie surannée se range surtout sous le drapeau
de Rosmini et de Gioberti (1).

Mais celui qui a exercé, en Italie, une influence
aussi marquée que celle qu'y ont exercée les philosophes précédents, c'est Ausonio Franchi. C'est là un fait
qu'on ne saurait contester. Franchi clôt la série des
philosophes catholiques et papistes en Italie, parce

(1) Les plus dignes d'être mentionnés parmi les disciples de Rosmini sont Pestalozza et Tommaseo, et parmi les disciples de Gioberti,
Joseph Massari, qui a recueilli et publié ses œuvres posthumes,
Félix Toscano, Chiarolanza et Vito Fornari. Il y en a entre eux qui
se sont appliqués à refaire quelques parties de l'édifice élevé par
leur maître. Mais ces modifications n'ont changé ni la pensée fondamentale, ni l'ensemble de l'édifice. Autrefois on pouvait compter
parmi les adeptes de Rosmini un homme distingué par son esprit et
par ses connaissances. Nous voulons parler de Ruggiero Bonghi, ex-
cellent helléniste, traducteur de quelques livres d'Aristote, et qui
faisait concevoir de hautes espérances pour son avenir philosophique.
Mais, à notre grand regret, il a abandonné la philosophie pour
s'adonner aux études littéraires, et plus encore, à ce qu'il paraît, à
la vie politique. Il est en effet en ce moment professeur de littérature grecque à l'Institut supérieur de Florence, et rédacteur en
chef de la *Perseveranza*, journal qui se publie à Milan. Nous croyons
devoir aussi faire mention d'une tentative faite pour combiner
ces différentes doctrines que nous venons d'examiner et surtout celles
de Rosmini et de Gioberti, et pour en composer une doctrine, qui,
dans la pensée de ses auteurs, en serait la synthèse, mais qui, en
réalité, n'est qu'un éclectisme qui rappelle l'éclectisme français. Les
noms les plus marquants qui rentrent dans cette catégorie sont d'a-
bord Auguste Conti, et ensuite Tulelli et Melillo.

qu'on peut dire qu'il est la négation de Galluppi, de Rosmini et de Gioberti, du moins pour ce qui concerne le côté dogmatique de leur doctrine. Car, quant au côté sceptique, la doctrine de Franchi n'est pas moins sceptique que la leur, puisqu'elle arrive, bien que par une voie différente, au même résultat, c'est-à-dire à la négation de la science.

Ausonio Franchi entra de bonne heure dans l'Église où il prit la prêtrise. Mais ayant quitté l'Église et ayant repris l'état laïque, à la suite de luttes intérieures, dont il nous fait lui-même la description dans un de ses livres, il voulut effacer toute trace de son passé ; et c'est alors qu'il changea son véritable nom d'Isodore Bonavito en le pseudonyme d'Ausonio Franchi. Il est en ce moment professeur de philosophie à l'Académie scientifique et littéraire de Milan. Comme écrivain il a publié plusieurs livres, où nous puiserons les traits principaux de sa philosophie (1).

Ausonio Franchi n'est pas hégélien. Tout au contraire il considère l'hégélianisme comme une sorte de doctrine fantastique, et plus faite pour ressusciter la sophistique, que pour réformer la philosophie (2). Nous ne discuterons ni cette opinion de

(1) Parmi ces livres, les plus importants sont : 1° *Le rationalisme du peuple* (*Il razionalismo del popolo*), Lausanne, 1861 ; 2° *La philosophie des écoles italiennes* (*La filosofia delle scuole italiane*), Florence, 1863 ; 3° *La religion du* XIXe *siècle* (*La religione del secolo* XIX), Lausanne, 1860 ; 4° *La philosophie du sentiment* (*La filosofia del sentimento*), Turin, 1854.

(2) Voyez *Philosophie des écoles italiennes*, p. 107-112. Franchi se flatte de justifier cette opinion dans un travail qu'il prépare, à ce qu'il nous dit, sur la logique hégélienne. Voilà assez longtemps que

M. Franchi, ni les objections qu'il dirige contre l'hégélianisme, parce que ce n'est pas là le but, le but direct
du moins, de notre livre. Mais l'examen de la doctrine
de M. Franchi qui va suivre montrera lui-même ce
que peuvent valoir cette opinion et ces objections.

Suivant M. Franchi le critérium suprême de toute
vérité réside dans la raison, et la première règle de la
raison c'est de considérer les choses dans leur réalité.
Mais outre la raison, il y a dans l'homme une autre
faculté, le sentiment. Ces deux facultés fondamentales,
le sentiment et la raison, correspondent aux deux
sphères suprêmes de l'esprit, la religion et la philosophie. Portant ses regards sur l'Italie, il se demande si
elle professe une religion conforme au sentiment, et
une philosophie conforme à la raison, et il trouve que

---

nous attendons ce travail. Mais en supposant qu'il voie jamais le jour,
nous croyons dès à présent pouvoir affirmer que ce sera une pure
répétition de ces malheureuses tentatives qui sont allées se briser
contre ce roc inexpugnable de la logique hégélienne. Car, sans prétendre qu'on ne puisse la perfectionner dans quelques-uns de ses détails, nous croyons que la logique hégélienne est la logique absolue
quant à son principe fondamental et à son dessein général, et en ce
sens qu'elle est le système des idées ou formes logiques, et qu'elle
démontre que ces formes sont à la fois les formes de la pensée et des
choses. Hors de cette logique il n'y a que la logique qu'on appelle
ordinairement aristotélicienne, mais qu'il serait plus exact d'appeler
vieille logique, pour laquelle les formes logiques ne sont que des
formes purement subjectives ; ce qui fait qu'elles sont étrangères aux
choses et à toute pensée objective, et que par suite non-seulement
elles ne contiennent pas la réalité et la vérité, mais qu'elles ne sauraient
non plus conduire à la vérité et à la science. Il n'est pas hors de
propos de faire observer que la logique hégélienne n'est qu'une
partie du système hégélien, et que l'on se tromperait étrangement
si l'on croyait pouvoir faire la critique de la logique hégélienne sans
embrasser le système entier.

sa philosophie est la scholastique, qui est la négation
de la science, et que sa religion est le catholicisme,
qui est la négation de la liberté. L'éducation scientifique et la liberté ne sont donc possibles en Italie
qu'autant qu'on y renoncera aux doctrines philosophiques et religieuses du moyen âge. C'est là la thèse que
Franchi considère comme la plus utile et la plus im-
portante, et qu'il se propose surtout d'établir dans ses
travaux. Dans sa *Philosophie des écoles italiennes* il montre l'impossibilité de concilier la scholastique, la théologie et le dogme avec la raison, et dans sa *Religion
du* xixᵉ *siècle* il montre l'impossibilité de concilier le
catholicisme avec la liberté. On peut dire que ces deux
livres sont un développement et un complément des
pensées déjà exprimées dans le *Rationalisme du peuple,*
où il s'applique précisément à démontrer que la philosophie et la religion chrétiennes sont toutes deux
fausses et absurdes. C'est spécialement dans ces livres
que nous trouvons le côté critique et sceptique de la
doctrine de Franchi. Voilà comment il explique cet
aspect de sa pensée. — « La philosophie, dit-il, est
philosophie critique ou sceptique en tant qu'elle
dévoile l'erreur, et théorétique ou positive en tant
qu'elle s'efforce de rechercher et de fonder la vérité.
Ces deux caractères sont tous les deux essentiels ; mais
dans la pratique c'est tantôt l'un, tantôt l'autre, qui,
suivant les besoins des temps et l'état des nations, doit
prévaloir.... En Italie, où le mouvement antidogma-
tique est à peine commencé et où l'abandon du catholicisme, bien que ce soit un fait qui se répande très-

rapidement, est plutôt indifférence et clérophobie qu'un système et une conviction rationnelle, la critique du dogmatisme chrétien est toujours une œuvre de la plus haute importance ; et la philosophie sceptique, qui ailleurs passerait à juste titre pour un anachronisme, a chez nous encore aujourd'hui le triste privilége de paraître une innovation hardie et téméraire. » — Et ailleurs il résume ainsi la pensée finale à laquelle il vise : — « L'Italie n'a ni une philosophie ni une religion parce qu'elle n'a jamais eu la liberté de la conscience, ni la liberté de la pensée. Le principe de toute réforme et de toute révolution doit donc être pour nous un cri de liberté.... Avant de songer à la liberté du sol, du commerce, de l'enseignement, de l'administration, rendons libres nos esprits et nos cœurs. Rachetons l'Italie de la servitude de l'âme, si nous voulons avoir une patrie et être une nation. Ce rachat est en notre pouvoir. La liberté de la raison est un de ces droits qu'il n'y a qu'à vouloir pour l'acquérir. Mais comment pourrait-il la vouloir cette liberté, ce peuple qui ne la connaît pas ? Il faut donc faire sentir à tous combien sont importantes et nécessaires la liberté de la conscience et celle de la pensée. Dans un système de rénovation politique et sociale, n'est-ce pas la religion qui occupe la première place ? Ce n'est pas une révolution qui pourra régénérer l'Italie. Si la raison n'a pas émancipé les idées et les croyances, on retombera bientôt dans l'état d'autrefois » (1).

(1) *Philos. des écoles italiennes*, p. 67, 68 et 63-62. — *Relig. du* XIXe *siècle*, vol. I, p. 8 et 9. — On peut voir déjà par ces quelques

Ce n'est certes pas l'hégélianisme qui contestera cette vérité qu'une nation n'est, et ne peut être réellement régénérée, si cette régénération ne s'accomplit d'abord, et surtout dans sa conscience et dans sa pensée. Ce n'est pas, disons-nous, l'hégélianisme qui contestera cette vérité, puisqu'il a été un des premiers à la proclamer, ou pour mieux dire le premier qui en ait fait le fondement de toute connaissance et de toute vérité. Sur ce point nous sommes donc parfaitement d'accord avec M. Franchi (1). Nous pensons comme lui qu'une révolution n'a pas de signification et ne peut produire des résultats durables et sérieux comme simple fait, si elle n'est pas précédée et préparée par une révolution intellectuelle et morale. De toute façon, s'il n'y a pas eu de préparation antérieure, il faut, si on le peut, faire après ce qu'on n'a pas fait avant, et le faire avec courage et persévérance, si l'on ne veut pas revenir au passé et retomber en quelque sorte dans le néant. Ainsi sur ce point, nous le répétons, les vues de M. Franchi sont aussi les nôtres.

Mais M. Franchi reconnaît que le côté négatif et

traits combien les vues philosophiques de Franchi sont limitées et imparfaites. Il se préoccupe trop en effet comme philosophe de l'état de la pensée en Italie, d'où il fait dépendre en quelque sorte la science et la philosophie; ce qui fait que ses livres paraissent plutôt inspirés par une pensée politique et locale que par une pensée vraiment philosophique.

(1) Qu'il nous soit permis de rappeler que nous avons insisté plusieurs fois sur cette nécessité. Voyez *La peine de mort* (*La pena di morte*; Napoli, 1864, p. 19); *Lassalle et son Héraclite* (*Lassalle e il suo Eraclito*; Firenze, 1865, p. 14-23) ; et *La régénération de l'Italie* (*Il risorgimento italiano*; Firenze, 1866), où cette question a été traitée d'une façon plus spéciale.

sceptique ne suffit pas ; et en partant de ce point de vue il a cherché dans plusieurs de ses ouvrages, et notamment dans sa *Philosophie du sentiment*, à jeter les bases d'une philosophie dogmatique ou positive, comme il l'appelle ; et cela, ce sont ses propres paroles, parce qu'après avoir nié le faux, on doit rechercher une vérité qui puisse satisfaire la raison, et où le sentiment puisse trouver ses jouissances. Voyons maintenant quel est ce côté positif de la doctrine de Franchi, et s'il y a en réalité un tel côté.

Après avoir montré à sa façon l'absurde et les impossibilités de la doctrine chrétienne, Franchi se demande quel est le culte qui pourra succéder au théisme chrétien, et il répond qu'il ne le sait point, et qu'il ne se soucie point de le savoir (*Philosophie des écoles italiennes*, p. 461). Dans sa *Philosophie du sentiment* aussi, où il distingue la philosophie et la religion et les admet toutes les deux, il ne dit jamais quelle pourra être la nouvelle forme religieuse, mais il proteste souvent de ne pas vouloir faire des hypothèses : et déterminer la forme religieuse de l'avenir, ce serait précisément, suivant lui, faire une hypothèse. Il rejette l'idée d'une réforme protestante, qui ne serait qu'un anachronisme. D'ailleurs, la mission d'un révélateur, étant aujourd'hui, dans son opinion, plus que ridicule, impossible, personne n'a le droit de proposer de nouveaux symboles religieux (*ibid.*, p. 56 et 463). De toute façon, on peut dire que le rationalisme remplace aujourd'hui le christianisme, en ce sens qu'il transforme les croyances, en écarte le prestige du surnaturel et du divin, les montre comme un fruit naturel de l'esprit humain, les range parmi les phénomènes psychologiques ou les connaissances hypothétiques qui précèdent la science, qui dépassent ses limites, qui affirment au delà de ce qu'elle n'approuve, et qui doivent disparaître devant la lumière toujours croissante de la raison, ou se corriger et se refaire graduellement suivant ses enseignements (*Rational. du peuple*, p. 245). L'homme tient de la nature un sentiment vague et obscur de l'infini. L'expression de ce sentiment est la religion. Le sentiment qui est la matière de la religion est spontané comme l'instinct, et il est permanent et immuable. L'expression de ce sentiment ou sa forme est réfléchie, et elle est passagère et muable. Les peuples ont leurs époques comme les individus. Dans l'enfance ils sont dominés par la sensation et par l'action du monde extérieur. Ici l'homme reconnaît et adore dans chaque être, dans chaque objet, un Dieu. De là le fétichisme et le tabéisme. Arrivé à l'adolescence l'homme commence à se replier sur lui-même, et ajoute à la sensation la pensée. C'est alors que surgit le polythéisme, qui est la déification des idées générales, idées que l'humanité s'est formée en s'étudiant elle-même et en contemplant l'univers. Mais ce travail en partie poétique, en partie scientifique, n'a été qu'un instrument d'éducation pour l'intelligence et pour la conscience des peuples. En méditant sur la contradiction intrinsèque d'une pluralité de Dieux, l'homme fut amené à transformer le polythéisme en le grand dogme de l'unité de Dieu. Mais c'était là aussi

une conception imparfaite de la Divinité. L'unité pure
et absolue de l'Être divin excluait les conditions essentielles de l'intelligence, de la vie et de l'action,
qui toutes impliquent une multiplicité et un rapport.
En outre, la distance infinie qui séparait l'être divin
de l'être humain rendait impossible toute communication entre eux.

On corrigea la première imperfection par l'hypothèse d'une trinité de personnes dans la substance
divine, et la seconde par le mythe de l'incarnation
d'une de ces personnes. C'est de là que tirent leur
origine la Trimurti de Brahma, de Vichnu et de Siva
dans l'Inde, la Triade d'Osiris, de Typhon et d'Horus en
Égypte, celle d'Orzmud, Ariman et Mithra en Perse,
la Trinité du Père, du Fils et du Saint-Esprit dans le
christianisme, et les incarnations de Vichnu, de
Buddha et du Christ. Le procédé de l'humanité dans
la formation des symboles religieux est donc toujours
le même. Le caractère religieux apparaît d'abord sous
la notion de cause et d'effet; puis sous celle de l'abstrait et du concret; et enfin sous celle du fini et de
l'infini. Telle est la doctrine proclamée de nos jours
par l'humanisme ou rationalisme ou scepticisme, ce
qui est la même chose. Les Dieux sont tous des
personnages imaginés et idéaux : ce sont des symboles et des mythes; et sous ce rapport l'Orzmud des
Perses vaut tout autant que le Jéhova des Hébreux, la
Trimurti des Hindous vaut tout autant que la Trinité des
chrétiens, et il n'y a pas de différence entre le Christ
de l'Évangile et le Buddha des Siamois, entre le Jupi-

ter d'Homère et les animaux d'Ésope (*Philosophie des écoles italiennes*, p. 452-457). La foi au surnaturel est aujourd'hui reconnue comme une fable. La raison a pris enfin possession de l'homme et de la société. Le christianisme a donc terminé sa mission. A part un petit nombre d'ignorants ou d'hypocrites, il n'y a plus de croyants. Les croyants, les apôtres, les martyrs, sont avec nous. Ce sont ceux qui travaillent et qui souffrent pour la découverte de la vérité, pour les progrès de la science, pour l'investigation de la nature et pour la réorganisation des sociétés. Ce sont ceux qui ont substitué à la révélation la raison, au culte de Dieu la morale, au prêtre la patrie, à l'Église l'humanité. Voilà la foi de l'Europe moderne (*Relig. du* XIXᵉ *siècle*, t. I, p. 22).

Il résulte de ces passages que nous avons tirés de ses différents écrits que, pendant que Franchi distingue verbalement et à plusieurs reprises la religion et la philosophie, et qu'il reconnaît la permanence et l'immutabilité du sentiment religieux, dans le fait il absorbe la religion dans la philosophie ou dans la science, et que par cela même la sphère de la religion devient pour lui une sphère inutile et qui n'a pas de raison d'être. Or nous ne pouvons en aucune façon nous associer à cette opinion, qui répugne à la nature même des choses. En effet, si la sphère de la religion n'est pas une sphère accidentelle et fortuite de l'organisme social, mais une sphère qui a sa raison d'être comme toute autre sphère, comme l'art, comme l'État, comme la science elle-même, il est clair qu'une théorie qui aboulit à l'anéantissement de la religion fait violence à la nature des choses et à leur nécessité idéale, nécessité qui est la racine de leur existence.

On a dit, et l'on a eu raison de dire en un certain sens, que la religion et la philosophie ont un seul et même objet, mais qu'elles ne considèrent pas cet objet de la même manière. Car la philosophie possède la connaissance de cet objet, tandis que la religion n'en a que le sentiment. La religion c'est l'esprit qui vit encore dans la nature et qui contemple son objet, l'absolu, comme un objet qui lui est extérieur : ce qui amène dans cette sphère la nécessité du symbole. La philosophie, au contraire, c'est l'esprit qui s'est élevé au-dessus de la nature dans la sphère de l'idée ou de l'absolu, c'est, en d'autres termes, l'esprit qui s'est identifié avec son objet. Il faut admettre, et Franchi aussi l'admet, que la philosophie est supérieure à la religion, et qu'elle s'empare, si l'on peut ainsi dire, de la religion en ce qu'elle l'entend, en explique la nature et les éléments essentiels, et qu'elle transforme le symbole et le mythe. Mais si elle les transforme, elle y reconnaît en même temps un fond de vérité. Sentir l'absolu et penser l'absolu sont choses différentes (1); et avoir la pensée de l'absolu vaut mieux qu'en avoir le

(1) On pourrait croire, d'après cela, qu'il n'y a entre la religion et la philosophie qu'une différence de forme. Nous nous bornerons à faire observer à cet égard que la philosophie et la religion diffèrent non-seulement par la forme, mais aussi par le contenu, et cela par là raison même que la philosophie comprend la religion comme un moment subordonné, ce qui veut dire que le contenu de la philosophie est un contenu qui renferme le contenu de la religion, et qui par cela même est un contenu plus riche et plus concret.

sentiment. Il y a plus, c'est que celui qui pense l'absolu en a aussi le sentiment, tandis que celui qui n'en a que le sentiment ne saurait penser l'absolu. Mais il ne faudrait pas conclure de là, que le sentiment de l'absolu ne constitue pas une sphère nécessaire de l'esprit. La philosophie, c'est-à-dire la pensée de l'Absolu, ou, ce qui revient ici au même, la pensée absolue nie toutes les formes ou sphères inférieures de l'esprit pour s'affirmer et être elle-même, et par suite elle nie aussi la religion. Mais elle ne nie ces choses qu'en tant qu'elles ne sont pas la raison et l'unité absolues ; et si elle les nie sous ce rapport, sous un autre rapport elle les affirme, les reconnaît, on peut même dire les engendre chacune dans sa sphère spéciale, en tant qu'elles sont des moments d'elle-même, c'est-à-dire de la réalité et de la vérité absolues. Ce qui fait que cette négation de la philosophie est en même temps la plus haute affirmation, en ce que non-seulement elle explique l'être nié, mais en ce qu'elle rattache cet être à son principe absolu.

Les limites de la sphère religieuse peuvent être plus ou moins étendues, et dans une religion il peut y avoir le plus et le moins, c'est-à-dire il peut y avoir progrès, parce que la religion peut et doit même se développer et se transformer sous l'influence de la science et du développement naturel et nécessaire de l'esprit. Cependant ce progrès n'est pas un progrès qualitatif, mais quantitatif, si nous pouvons ainsi nous exprimer. Nous voulons dire que si la religion n'est pas un accident, elle a une sphère propre, elle a des limites essentielles et nécessaires qu'on ne saurait ni franchir ni supprimer, et au dedans desquels ce progrès doit s'accomplir. Ainsi le sentiment et le symbole entrent comme éléments essentiels dans la religion. Si dans l'intuition et dans l'expression de son objet la religion pouvait se passer de ces éléments, si elle pouvait, en d'autres termes, transformer la croyance et la foi en une vue claire et démonstrative de son objet, la religion ne serait plus la religion, mais elle serait la science. Ce qui montre que, s'il y a progrès dans la religion, ce progrès ne peut être qu'un progrès relatif et limité, c'est-à-dire limité par la nature même de la religion. Et que la religion constitue une sphère nécessaire de l'esprit, ou, comme on dit, une institution dont la société ne saurait se passer, c'est une vérité en quelque sorte évidente par elle-même. Car, si d'un côté, l'union du fini et de l'infini, du relatif et de l'absolu, de l'homme avec Dieu, est fondée sur un besoin profond, on peut même dire sur la nature intime de l'esprit, et si, de l'autre, la science et la philosophie ne sont et ne peuvent être que le partage d'un petit nombre, il suit que cette forme inférieure de l'esprit, la religion, a sa fonction spéciale, réalise à sa façon cette union de l'homme avec Dieu, et qu'elle est tout aussi nécessaire que la science et la philosophie. Ainsi, de quelque façon qu'on considère la question, on ne saurait admettre que la religion puisse être supprimée; ce que nous ne disons pas seulement de la religion comme simple besoin individuel et subjectif, mais de la religion en tant que sphère sociale, en tant que besoin qui

a son fondement, et qui se réalise dans la société.
Maintenant, quelle peut être la forme d'une nouvelle
religion ; si une nouvelle forme religieuse est nécessaire ; si une nouvelle révélation est possible ; si une
réforme protestante peut avoir lieu en Italie ; s'il est
vrai enfin que le Christianisme ait accompli sa mission,
ce sont là des questions trop complexes pour que nous
puissions les aborder ici. Mais il suffit que les considérations que nous avons présentées montrent que Franchi n'a pas envisagé la question d'une façon convenable.
Ce qui, à notre avis, l'a surtout induit en erreur, c'est
la fausse conception d'un progrès illimité et indéfini.
Après avoir ramené la religion à l'anthropologie, il
croit pouvoir l'annuler comme un instrument inutile,
et il ne voit pas que pendant qu'il opère cette absorp-
tion de la religion par la science et dans la science,
la religion ne cesse pas d'être ce qu'elle est en elle-
même et hors de la science. D'ailleurs lorsque Franchi
dit que le rationalisme, en recherchant les origines
des croyances religieuses, démontre que celles-ci sont
un produit spontané et naturel de l'esprit humain
(*Ration. du peuple*, p. 244), ou il ne veut rien dire, ou
il veut dire ceci : que tout n'est pas fortuit et passager
dans ces croyances, que tout n'y est pas apparence et
illusion, mais qu'il y a en elle un principe de vérité
et un élément rationnel et nécessaire. Qu'est-ce qu'en
effet un produit naturel de l'esprit ? C'est ce qui a sa
racine dans la nature humaine, et ce qui est suivant
cette nature, et ce qu'il y a de plus essentiel dans cette
nature, c'est-à-dire suivant la raison. Or ce qui est sui-

vant la raison est nécessaire, éternel et absolu. Par
conséquent, si la religion est un produit naturel de
l'esprit humain, on ne saurait supprimer la religion
sans supprimer cet esprit. Ainsi autre chose est perfectionner, développer la religion, y faire pénétrer plus
de lumière, autre chose est l'effacer. On dit : la foi
moderne, c'est la science. Ce mot est vrai dans la
sphère de la science ; mais il n'est nullement vrai si
on l'étend à toute chose. Hors de la sphère propre de
la science il y a la foi, et la foi n'est point la science,
mais la religion. On peut dire que la religion est comme
annulée dans la science ; mais elle n'en est pas moins
ce qu'elle est hors de la science. Si Franchi avait examiné la question d'une façon concrète et systématique,
il aurait reconnu la nécessité rationnelle d'une forme
religieuse, qui, quelque développée et quelque complète
qu'on puisse la concevoir, doit cependant garder les
caractères propres et essentiels de la religion, c'est-à-
dire le sentiment, la foi, la représentation et le symbole.

Et ici on peut déjà voir combien est inexacte la
notion que Franchi se fait de la science. Car une
science qui n'est guidée par aucune vue systématique,
une science qui méconnaît la nature intrinsèque, immuable et absolue des choses, ne peut être qu'une
science imparfaite, arbitraire, ou pour mieux dire
n'est nullement la science (1).

(1) Nous croyons devoir faire remarquer que la fausse conception
d'un progrès illimité et indéfini et l'absence de toute vue systématique
ont pénétré dans toutes les parties de la doctrine de Franchi. C'est
ainsi qu'il a été amené à croire fermement en la future égalité des

Le point de vue d'où part Franchi c'est que Dieu ou l'absolu est un objet placé hors des limites de la raison. Pour lui, Dieu est un être tout à fait indéterminé, dont nous ne pouvons avoir qu'une vue vague et indéfinie. — « La raison, dit-il, nous fait voir que les problèmes transcendants sont insolubles. Cette ignorance est la condition naturelle de cette vie. Pourquoi nous tourmenter et nous soumettre à de rudes labeurs pour la recherche de l'impossible ? L'univers et l'humanité existent. Quelle qu'ait été la cause première, quelle que doive être la fin de leur existence, il est hors de doute qu'ils ont tous les deux des lois intrinsèques, permanentes et essentielles, suivant lesquelles ils se développent et se perfectionnent ; et que c'est de l'étude de ces lois que naissent toutes les sciences naturelles et sociales avec leurs dérivés et leurs applications. La raison humaine est impuissante à expliquer *à priori* ou *à posteriori* les grands mystères qui voilent tout le fond de l'être et de la vie. » (*Philosoph. des écoles italiennes*, p. 460-462.) Ailleurs il assigne à la philosophie une place moyenne : il la place, suivant son expression, entre le rien des uns et le tout des autres ; et il nous dit à cet égard que la philosophie est fille de la raison humaine, qui ne saurait se mettre à la place de la raison absolue sans que l'homme cessât d'être homme, et qu'il devînt Dieu. (*Introduction au Cours de philosophie*, Milan, 1864.)

hommes, en la paix perpétuelle et en la fraternité universelle. En un mot, il accepte sans réserve toutes les exagérations et toutes les utopies de quelques penseurs et publicistes français et allemands.

Ces quelques traits montrent d'abord que le côté théorique et affirmatif de la philosophie de Franchi n'est qu'une sorte de positivisme pratique auquel se joint une sorte de mysticisme ou sentimentalisme, comme on voudra l'appeler ; et ensuite que ce même côté affirmatif n'est pas en réalité moins négatif et moins sceptique que l'autre côté de sa doctrine.

Nous disons que la philosophie de Franchi est une sorte de positivisme pratique, parce que, mettant de côté toute recherche spéculative proprement dite, elle part du double fait de l'existence de l'humanité et de l'existence de l'univers. Il faut partir de ce fait parce que les problèmes transcendants sont insolubles. Il ne nous est donné d'en connaître ni la cause première ni la fin dernière, et partant toute recherche à cet égard demeurera stérile. C'est là le dogme fondamental de la doctrine de Franchi. Or ceci c'est nier que la connaissance par les idées est la seule et vraie connaissance, et, qui plus est, c'est nier que la connaissance de l'absolu est le fondement de toute connaissance ; ce qui implique en dernière analyse la négation même de la science. Et, en effet, nier la possibilité de la connaissance de l'absolu, c'est nier la possibilité de la science et de la philosophie. Si nous ne pouvons connaître Dieu, nous ne pouvons rien connaître. C'est une illusion de croire que nous ne pouvons rien connaître indépendamment de la connaissance de Dieu. Si les choses ont leur raison dernière en Dieu, il est évident que la vraie connaissance des choses réside dans la connaissance même de Dieu. Il faut même dire que toute connaissance, toute affirmation vraiment scientifique n'est telle qu'autant qu'elle se rattache à l'absolu, et qu'elle est un moment de l'absolue connaissance et de l'existence absolue. Ainsi Franchi part de l'affirmation de l'humanité et de l'univers. Or, ou cette affirmation n'a pas de sens, ou elle veut dire qu'on affirme ici un certain principe absolu, qui, suivant Franchi, serait l'humanité et l'univers. On dira peut-être qu'on peut affirmer l'existence d'un principe sans en connaître la nature. Mais nous avons montré (1) tout ce qu'il y a de superficiel, d'absurde et d'impossible dans cette manière de concevoir la science et les principes. Nous ajouterons ici qu'une telle affirmation de la simple existence des principes n'est au fond que l'affirmation d'un mot, et que la science qui se bornerait à affirmer ainsi ne serait qu'une science purement nominale, ce qui veut dire qu'elle ne serait pas la science. D'ailleurs Franchi lui-même admet que non-seulement nous pouvons, mais que nous devons connaître et déterminer les lois et les principes essentiels de l'humanité et de l'univers. Or, quelle peut être la valeur de ces lois et de ces principes, si ces lois et ces principes ne constituent pas la nature intime de l'humanité et de l'univers? Et s'ils constituent la nature intime de l'humanité et de l'univers, ne sont-ils pas des principes nécessaires et absolus, et, à ce titre, ne sont-ils pas l'absolu lui-même? Enfin ceci montre combien peu Franchi a approfondi les notions de la science, des prin-

(1) Voyez plus haut.

cipes et de l'absolu. Il n'admet pas, en effet, d'un côté,
que nous puissions connaître l'absolu, et d'un autre
côté, il nous parle des lois et des principes essentiels
de ce qu'il appelle humanité et univers, et il veut que
nous connaissions ces lois et ces principes, comme si
ces lois et ces principes étaient et pouvaient être hors
de l'absolu, et autre chose que l'absolu.

Nous disons en outre que Franchi a allié à ce positivisme matérialiste une sorte de mysticisme, un mélange de sentiment, d'imagination et d'intelligence.
Et ici aussi on rencontre les mêmes inconséquences,
et la même confusion, ou, pour mieux dire, on a
un corollaire, un autre aspect de son point de vue
fondamental. Ainsi il admet bien la raison, mais cette
raison qui peut connaître les lois de l'humanité et de
l'univers se change en un sentiment vague et indéfini,
lorsqu'il s'agit de Dieu ; en d'autres termes, suivant
Franchi, nous pouvons tout connaître, excepté Dieu.
Mais comme il est impossible de retrancher absolument Dieu de l'humanité et de l'univers, Franchi, par
une sorte de condescendance, veut bien reconnaître
que nous pouvons en avoir le sentiment; ce qui signifie
au fond que dans sa doctrine il y a tout, moins la raison,
la science et la philosophie.

Ce qu'on peut découvrir à travers ces inconséquences,
ces obscurités et ces impossibilités dans lesquelles
est comme enveloppée la pensée de Franchi, c'est qu'il
y a, suivant lui, deux raisons substantiellement dis-
tinctes, la raison divine et la raison humaine, dont
la première constitue une région inaccessible et im-

perscrutable pour la seconde. C'est là le critérium qui
le guide dans toutes ses investigations, et qui lui fait
admettre un ordre des recherches, et en repousser un
autre, et le plus essentiel, ou, pour parler avec plus de
précision, le seul essentiel. Par conséquent, considérée
à son point de départ comme dans ses résultats, la doctrine de Franchi reproduit la distinction scolastique et
théologique de Rosmini et de Gioberti ; ce qui justifie ce
que nous avons affirmé en commençant, savoir, qu'elle
n'est pas moins sceptique que la doctrine de ces philosophes. Quel est, en effet, en l'envisageant d'un point
de vue général, le caractère commun à tous les philosophes italiens antérieurs à Franchi ? C'est qu'ils pro-
clament tous l'imperfection et la limitation de la raison
humaine et son impuissance à s'élever à la connaissance
absolue. Et c'est là aussi le point saillant et décisif de
la philosophie de Franchi. On dira probablement que
ce qui distingue Franchi de ses prédécesseurs, et surtout de Rosmini et Gioberti, c'est que, s'il admet
comme eux la limitation et l'impuissance de la raison,
il n'invoque pas cependant comme eux au secours de
la raison les oracles de la chaire de Saint-Pierre : ce
qui est vrai. Mais d'abord cette différence ne rend pas
la doctrine de Franchi plus solide et plus rationnelle.
Scientifiquement parlant, une doctrine est ce qu'elle
est par elle-même, par sa valeur propre et intrinsèque,
et cette valeur n'est ni augmentée ni diminuée par le fait
qu'on admet ou qu'on n'admet point l'enseignement
catholique. Mais, pour être juste envers Rosmini et
Gioberti, nous devons ajouter que la doctrine de Franchi

est plus négative, plus sceptique et moins scientifique que les leurs. Car les premiers du moins se livrent à des recherches sur les idées, reconnaissent à leur façon l'idée, et ils lui accordent une certaine réalité objective, tandis qu'il n'y a rien de semblable chez le dernier. Enfin, en se plaçant à un point de vue limité et purement national, on pourra nous dire que par son attitude négative et anticatholique, la philosophie de Franchi a exercé une influence salutaire en Italie, et cela par la raison qu'il faut abattre avant de reconstruire. Mais nous doutons fort que, même sous ce rapport, elle ait exercé et ait pu exercer une influence salutaire et sérieuse. Il faut le dire, la critique de Franchi n'est pas une critique vraiment philosophique : ce n'est pas cette critique kantienne qui aborde et examine d'une façon méthodique et profonde les divers problèmes de la science, et qui, dans ses résultats en apparence négatifs, porte virtuellement en elle tout le mouvement de la philosophie allemande ; mais c'est cette critique superficielle, et nous serions tenté d'ajouter vulgaire, qui nie sans savoir pourquoi elle nie, et qui non-seulement ne remplace pas ce qu'elle nie, mais qui n'est pas faite pour préparer et conduire les esprits à une nouvelle et plus haute affirmation.

CHAPITRE VI

CONCLUSION.

Deux points ressortent de cette exposition rapide, mais, nous croyons, exacte et suffisamment complète de la philosophie italienne contemporaine. Le premier point, c'est que cette philosophie n'a pas de valeur historique, en ce sens qu'elle se meut en dehors de l'histoire de la philosophie, qu'elle ignore ou qu'elle n'entend pas cette histoire, et qu'elle ne commence ni ne continue un mouvement philosophique. Le second point, c'est que, strictement parlant, cette philosophie est une philosophie qui se nie et s'annule elle-même ; et qui se nie et s'annule elle-même, non-seulement parce qu'elle aboutit à des conclusions négatives et sceptiques, mais aussi, et plus encore peut-être, parce que pendant qu'elle scinde la raison en deux, et qu'elle place au-dessus de la raison qu'elle appelle humaine, une raison qu'elle appelle divine, elle fait de la papauté l'organe de cette raison. Au premier coup d'œil, ces deux vices radicaux de la philosophie italienne paraissent ne pas avoir de rapports entre eux. Mais en y regardant de près, on voit qu'ils remontent

tous les deux à une seule et même origine : c'est que
la philosophie italienne est restée jusqu'à nos jours la
philosophie du moyen âge, une philosophie scholastique et catholique ; ce qui veut dire qu'elle est restée
l'*ancilla theologiæ*, et que la raison, au lieu d'y comman-
der et de tirer d'elle-même ses croyances et ses lois,
en un mot, de s'y affirmer comme raison, y est restée
dans un état de dépendance et d'asservissement, ou,
pour parler avec plus de précision, s'y est effacée en
tant que raison. On nous reprochera sans doute d'être
trop exclusif et trop sévère dans ce jugement que
nous portons sur la philosophie italienne ; on mettra
aussi probablement en cause notre patriotisme, et enfin on nous demandera quelle est notre conclusion
finale relativement à la philosophie italienne et à la
philosophie en général.

Quant au premier reproche, nous répondrons qu'il
ne s'agit pas ici de savoir si nous avons été trop sévère,
mais si le jugement que nous avons porté sur cette
philosophie est exact. C'est là le point essentiel, et
tant qu'on ne nous démontrera que nous nous sommes
trompé, nous avons le droit de maintenir notre opinion. Nous avouerons cependant que nous avons cru
devoir être sinon plus sévère, du moins plus strict
et plus explicite dans l'expression de notre pensée
en présence des tentatives que l'on fait pour créer une
confusion et une équivoque dans la science et dans la
conscience publique par des rapprochements arbitraires et forcés, en représentant la philosophie allemande et la philosophie italienne, et Hégel et Gioberti

comme ne faisant qu'un. Que si cette attitude vis-à-vis
de la philosophie de notre pays nous attire le reproche de faire preuve de peu de patriotisme, nous répondrons : la vérité d'abord, le patriotisme après. L'objet de la philosophie et de la science en général n'est pas
la patrie, mais la vérité et l'absolue vérité. Cependant,
même sous ce rapport, nous laisserons au lecteur de
décider lequel des deux sert le mieux son pays de celui
qui engendre ou perpétue chez lui des illusions, ou de
celui qui cherche à les dissiper, et qui, en lui donnant
le sentiment de la réalité, c'est-à-dire, d'un côté, de
lui-même, de ses imperfections et de son infériorité,
et, de l'autre, de l'état véritable de la science et du
monde, lui montre la route qui lui reste à parcourir
et le but qu'il doit s'efforcer d'atteindre. Ainsi notre
conscience est en paix même sous ce rapport, car
nous croyons servir notre pays en servant dans la mesure de nos forces la vérité. Enfin, pour ce qui concerne notre conclusion sur l'avenir de la philosophie
en Italie, et de la philosophie en général, cette conclusion est dans le livre même et dans la pensée
qui l'a dicté. Si pour un hégélien il n'y a pas deux
philosophies, mais une seule philosophie, la philosophie hégélienne, et si hors de cette philosophie il
peut bien y avoir un certain exercice philosophique
de la pensée, une préparation à la philosophie, mais
il n'y a pas de vraie philosophie, il suit que pour nous
la vraie philosophie n'a qu'un seul avenir en Italie et
ailleurs, et que cet avenir est le triomphe et l'établis-
sement de l'hégélianisme. Nous voulons dire que s'il

y a actuellement une vraie philosophie en Italie, ou s'il doit y en avoir une à l'avenir, cette philosophie n'est ou ne pourra être que la philosophie hégélienne. Et ici vient naturellement se placer un nom qui est désormais inséparable de celui de Hégel. Ce nom, nous avons à peine besoin de le prononcer, est celui de Véra (1). Nous n'hésitons pas à affirmer que si l'hégélianisme est aujourd'hui ce qu'il est, s'il est sorti des confins de l'Allemagne, s'il apparaît comme entouré d'une nouvelle lumière, si son influence se fait sentir et va en grandissant non-seulement en Europe, mais au delà des mers (2), cela est dû sur-

(1) M. Auguste Véra est né à Amélie, petite mais très-ancienne ville de l'Ombrie et du petit nombre des villes d'origine étrusque qui nous restent. Fort jeune encore, il se rendit à Paris, où il acheva ses études. De Paris il alla en Suisse, où il enseigna d'abord la littérature française dans le célèbre institut d'Hofwyl, près de Berne, et ensuite la littérature grecque et latine dans l'institut de Champel, à Genève. Après un court séjour en Suisse, il retourna en France, où il occupa pendant plusieurs années (pendant quatorze ans, si nous ne nous trompons) la chaire de philosophie dans plusieurs colléges de l'université, en province et à Paris. Il avait quitté la France et s'était retiré en Angleterre, lorsque les nouvelles destinées de sa patrie l'engagèrent à y rentrer en 1860. Il fut d'abord nommé professeur de philosophie à l'Académie scientifique et littéraire de Milan ; mais aussitôt que les provinces napolitaines furent incorporées au nouveau royaume d'Italie, et qu'on y eut réorganisé l'enseignement, il fut nommé à l'université de Naples, comme celle qui pouvait offrir un champ plus vaste et plus approprié à son enseignement. Depuis cette époque, c'est-à-dire depuis 1861, il a enseigné dans cette université l'*histoire de la philosophie* et la *philosophie de l'histoire*. Plusieurs biographies de notre philosophe ont été publiées en France et en Italie, mais la plus intéressante et la plus complète est celle qui a récemment paru dans la *Revista sellimanale* (Revue hebdomadaire), qui se publie à Milan (n° 8, 21 octobre 1866).

(2) On vient de fonder à Saint-Louis, dans le Missouri, une société philosophique, où l'élément prédominant et dirigeant est l'élément

tout à l'action persévérante de ce rare et grand
esprit, de cet esprit qui a su concentrer sa vie, ses
vastes connaissances, la puissance de son intelligence,
son infatigable activité dans un seul but, la propaga-
tion et le triomphe de l'hégélianisme. Förster et Ma-
reinecke ont appelé Hégel le Christ de la pensée. La
pensée est en effet une incarnation, et la plus haute
incarnation de la vérité dans le monde. Mais la doctrine du Christ a eu besoin de disciples et d'apôtres
pour se répandre dans le monde et pénétrer dans les
esprits. Véra, suivant nous, est le plus grand apôtre,
l'*Apostolus gentium* de l'hégélianisme. Car non-seulement il expose, interprète et continue Hégel, mais il
le développe et le complète en brisant la forme nationale et limitée de la pensée hégélienne, et en la re-
vêtant et en l'animant d'une forme universelle, où
l'hégélianisme retrempé, et en quelque sorte régénéré,
devient accessible à la pensée des autres nations. En
d'autres termes, Véra a humanisé la pensée hégélienne,
et il a fait, historiquement parlant, de cette pensée
une pensée en acte, tandis qu'on peut dire en un certain sens qu'elle n'existait auparavant qu'à l'état virtuel (1). Nous devons donc considérer le retour de

hégélien, et l'on fait en ce moment des démarches pour en fonder
d'autres sur le même plan dans d'autres points de l'Union américaine.
Nous avons sous les yeux des documents qui nous prouvent que les
travaux de Véra ont puissamment contribué à la fondation de cette
société.

(1) Il y en a peut-être qui ne verront dans nos paroles que l'expression d'une appréciation et d'un sentiment purement personnels.
Et l'on aura raison à quelques égards de les considérer ainsi. Car nous
qui non-seulement avons attentivement et longuement étudié les
écrits de Véra, mais qui avons eu et avons le bonheur de l'entendre,

Véra en Italie comme un événement heureux non-
seulement pour son pays natal, mais pour l'hégélia-

et de l'entendre presque tous les jours depuis qu'il a commencé son
enseignement à l'université de Naples, nous croyons avoir le droit d'é-
prouver et d'exprimer ce sentiment, et nous avons aussi la confiance
qu'on attachera quelque importance à un sentiment qui, chez nous, nous
pouvons le dire, n'a d'autre source ni d'autre mobile que l'amour de
la science et de la vérité. Mais peut-être aurions-nous hésité à exprimer d'une façon aussi explicite notre pensée, si nous n'avions pas trouvé
qu'elle est d'accord avec celle d'hommes bien plus autorisés que nous,
et entre autres avec celle d'un des hégéliens les plus éminents, de
celui que Strauss lui-même a appelé (voy. *Streitschriften, Écrits po-
lémiques*, 1838) *le centre de l'hégélianisme en Allemagne,* nous
voulons dire Rosenkranz. Dans le *Der Gedanke* (revue philosophique qui se publie à Berlin), vol. V, livr. 1, Rosenkranz s'exprime
ainsi : « Pendant qu'en Allemagne les journaux vont répétant que la
philosophie hégélienne est morte, nous voyons qu'elle va tous les
jours en éveillant un plus grand intérêt chez les nations latines,
qu'elle y prend un plus grand développement, et qu'elle y est
mieux étudiée et approfondie. Celui qui, parmi les étrangers,
s'est donné la mission de rendre la philosophie hégélienne accessible aux Français, aux Italiens et même aux Anglais, est A. Véra.»
Et plus loin en parlant de la *Philosophie de la nature* de Hégel,
traduite et commentée par Véra, après avoir fait ressortir l'importance de ce travail pour les Allemands eux-mêmes, il conclut
avec ces paroles : « Et pour cette raison, nous autres Allemands
nous devons être très-reconnaissants (*grossen Dank wissen*) à Véra
d'avoir entrepris ce travail sur la philosophie de la nature. » Et dans
une correspondance antérieure à cet écrit, il dit : « Je crois que Véra
a apporté dans l'intelligence de la philosophie de Hégel une justesse
et une profondeur incomparables, et qu'il l'a exposée avec une si
grande clarté et un tel tact, que son nom sera à jamais lié à l'œuvre
immortelle de Hégel. Qu'il continue la grande mission qu'il s'est donnée..... Par ses travaux, il a déjà imprimé un nouvel élan à la spéculation, et comme il est profondément versé dans les sciences naturelles, je ne doute point qu'il saura par son commentaire répandre
une lumière tout à fait nouvelle sur la philosophie de la nature de
Hégel, que l'école allemande a, à mon avis, trop négligée.» (*) Et déjà,

(*) Cette note était écrite, lorsque nous avons appris que l'illustre professeur
de Kœnigsberg s'occupait d'un travail spécial sur la *Philosophie de la nature* de
Hégel, publiée par Véra, travail qui, d'après nos renseignements, doit paraître
bientôt.

nisme et la philosophie. Car si ce n'est point vrai ce qu'a avancé récemment un écrivain français (1), « que l'école hégélienne soit à peu près éteinte dans cette Allemagne qui fut son berceau, et qu'elle se ranime aux tièdes rayons du soleil de Naples », il est vrai

dès l'an 1858, à propos de l'*Introduction à la philosophie de Hégel* par Véra, il prononce, dans sa *Science de l'idée logique* (*Wissenschaft der logischen Idee*), ces paroles remarquables : « Mais l'écrit qui, à mon avis, est le plus complet, et qui, s'il était traduit en allemand, ferait connaître plus exactement et plus profondément, même à un grand nombre d'Allemands, la doctrine de Hégel, est le livre du professeur Véra, *Introduction à la philosophie de Hégel*. — Cette clarté que la logique formelle a communiquée à la langue française a produit dans ce livre le fruit le plus remarquable. Véra y a en outre tracé de la façon la plus heureuse, et en y déployant une vaste et profonde connaissance, les linéaments d'une histoire de la philosophie. »

(1) *Revue des deux mondes* (15 janvier 1866). — *La Philosophie de la nature*, par M. Lévêque. — Il nous est rarement arrivé de lire un écrit aussi rempli d'inexactitudes et d'appréciations superficielles que celui que nous venons de citer. Ainsi, on y répète contre l'hégélianisme l'argument banal et faux que l'hégélianisme est éteint en Allemagne, en ajoutant qu'il s'est réfugié dans un coin reculé de l'Italie. On fait par là trop d'honneur à l'Italie, et celle-ci devrait être bien fière de s'être mise à la place de l'Allemagne, de cette ingrate Allemagne qui aurait repoussé de son sein une de ses plus grandes gloires. Il paraît cependant qu'en quittant l'Allemagne, ce n'est pas seulement en Italie que s'est réfugié l'hégélianisme, puisque nous voyons qu'il a débarqué en Amérique, et qu'il commence à s'y établir solidement. Mais est-il bien vrai qu'il soit éteint en Allemagne? Faudra-t-il dire qu'une doctrine est éteinte dans un pays où elle a encore pour représentants des hommes tels que Rosenkranz, Michelet, Strauss, Förster, Schulze, et où elle trouve des adhérents nombreux et éminents sur tous les points? Nous avons sous les yeux une liste authentique (voy. *Der Gedanke*, vol. VI, livr. 4), mais qui, bien entendu, est loin d'être complète, des hégéliens avoués, et dont la plupart occupent une position publique, soit à Berlin, soit dans les autres parties de l'Allemagne. Eh bien! cette liste ne contient pas moins de cent noms, et ces noms sont fournis, on peut dire, par toutes les classes de la société. Nous voudrions qu'on

cependant que l'enseignement et les travaux de Véra
y ont créé un nouveau centre hégélien, qui, par la
forme même dont Véra sait revêtir sa pensée, rayonne
non-seulement sur l'Italie, mais sur les autres nations (1). Et quel que soit l'avenir de la philosophie
en Italie ; que l'Italie, voulons-nous dire, en renouant

nous montrât, soit en Allemagne, soit ailleurs, une autre école qui
se trouve dans les mêmes conditions et qui puisse se vanter d'avoir
le même nombre d'adhérents. Ainsi, la vérité est que la philosophie
qui a aujourd'hui le plus de vitalité, même en Allemagne, c'est la
philosophie hégélienne. Nous ne voulons et ne pouvons relever ici
que cette inexactitude en quelque sorte matérielle de l'écrit de
M. Lévêque, mais nous pourrions aisément montrer qu'on ne doit
pas attacher plus d'importance à la critique qu'il y fait de la *Philosophie de la nature* de Hégel et de la philosophie hégélienne en
général.

(1) Dans l'état où se trouve en ce moment politiquement et intellectuellement l'Italie, il serait difficile de dire d'une façon certaine
et déterminée quelle est la pensée qui y domine. Nous croyons cependant être dans le vrai en affirmant que la philosophie qui y éveille le
plus d'intérêt et qui y déploie plus de force et de vitalité, est la
philosophie hégélienne. Le nombre de ses adhérents y est déjà assez
considérable, et il va en augmentant tous les jours. Voulant nous
borner à indiquer quelques noms et des plus marquants, nous citerons:
Stanislas Gatti, linguiste fort distingué et auteur de plusieurs ouvrages
littéraires et philosophiques remarquables par la clarté et l'élévation
de la pensée ; Floriano del Zio, jadis professeur de philosophie à Ca-
gliari et à Ferrare, et aujourd'hui député au parlement, esprit ardent
et épris surtout de l'aspect politique et historique de la philosophie
hégélienne ; Eugène Camerini, secrétaire de l'Académie scientifique
et littéraire de Milan, esprit pénétrant, écrivain facile, élégant et
doué d'une grande érudition ; et Mariano Vitto, professeur de philosophie au lycée de Faenza, jeune homme laborieux, d'un esprit
grave, et qui donne les plus hautes espérances. Ce sont là des hégéliens purs. Parmi les hégéliens incertains, nous pouvons ranger Louis
Ferri, professeur de philosophie à l'institut supérieur de Florence.
Ferri est un idéaliste et un hégélien, mais avec des réserves, réserves
qu'il nous serait difficile de déterminer, parce qu'il ne les a pas encore
déterminées lui-même. De toute façon, c'est un esprit élevé, très-
studieux, et qui aime sincèrement la vérité. Enfin, nous citerons deux

les traditions de Vico, et surtout celles de Bruno, entre franchement dans la voie de l'hégélianisme, ou qu'elle s'en tienne à un idéalisme vague, indéterminé, négatif et ayant pour couronnement l'infaillibilité de Rome, l'œuvre de Véra restera; et si elle ne reste pas pour l'Italie, elle restera pour la science et la philosophie.

noms : le nom de la marquise Marianna Florenzi Waddington, et celui de François Fiorentino, professeur à l'université de Bologne, deux noms qu'on ne peut séparer par suite de l'identité de leur pensée et du but qu'ils se sont proposé dans leurs travaux. En effet, sous le rapport de leur pensée, ils sont les continuateurs à outrance de l'équivoque créée par Spaventa touchant la philosophie italienne, et sous le rapport du but qu'ils se sont proposé tous les deux dans leurs écrits, c'est précisément de propager et de populariser en Italie une telle équivoque, et de perpétuer ainsi cette illusion sur la philosophie italienne. On ne saurait dire, soit d'eux, soit de leur maître Spaventa, s'ils sont ou s'ils ne sont pas hégéliens, et, s'ils sont hégéliens, de quelle façon ils le sont. De toute manière, et sans crainte de nous tromper, nous pouvons affirmer que s'ils sont quelque chose, ils ne le sont que par Hégel et avec Hégel.

FIN.

LIBRAIRIE GERMER BAILLIÈRE

17, RUE DE L'ÉCOLE-DE-MÉDECINE, 17

PARIS

EXTRAIT DU CATALOGUE

BIBLIOTHÈQUE

DE

PHILOSOPHIE CONTEMPORAINE

Volumes in-18 à 2 fr. 50

—

Ouvrages publiés.

H. TAINE. **Le Positivisme anglais.** Étude sur Stuart Mill.
— **L'Idéalisme anglais.**
— **Philosophie de l'art.**
— **Philosophie de l'art en Italie.**
— **De l'Idéal dans l'art.**

PAUL JANET. **Le Matérialisme contemporain.** Examen du système du docteur Büchner.
— **La Crise philosophique :** MM. Taine, Renan, Vacherot, Littré.
— **Le Cerveau et la Pensée.**

ODYSSE-BAROT. **Lettres sur la philosophie de l'histoire.**

ALAUX. **La Philosophie de M. Cousin.**

AD. FRANCK. **Philosophie du droit pénal.**
— **Philosophie du droit ecclésiastique.**
— **La Philosophie mystique au XVIIIe siècle** (Saint-Martin et don Pasqualis).

E. SAISSET. **L'Âme et la Vie,** suivi d'une Étude sur l'esthétique française.
— **Critique et histoire de la philosophie** (fragments et discours).

CHARLES LÉVÊQUE. **Le Spiritualisme dans l'art.**
— **La Science de l'invisible.** Études de psychologie et de théodicée.

AUGUSTE LAUGEL. **Les Problèmes de la nature.**
— **Les Problèmes de la vie.**
— **La Voix, l'Oreille et la Musique.**

CHALLEMEL-LACOUR. **La Philosophie individualiste,** étude sur Guillaume de Humboldt.

CHARLES DE RÉMUSAT. **Philosophie religieuse.** De la théodicée naturelle en France et en Angleterre.

ALBERT LEMOINE. **Le Vitalisme et l'Animisme de Stahl.**
— **De la physionomie et de la parole.**

MILSAND. **L'Esthétique anglaise,** étude sur John Ruskin.

A. VÉRA. **Essais sur la philosophie hégélienne.**

BEAUSSIRE. **Antécédents de l'Hégélianisme dans la philosophie française.**

BOST. **Le Protestantisme libéral.**

FRANCISQUE BOUILLIER. **Du plaisir et de la douleur.**

ED. AUBER. **Philosophie de la médecine.**

LEBLAIS. **Matérialisme et Spiritualisme,** précédé d'une Préface par M. E. LITTRÉ (de l'Institut).

AD. GARNIER. **De la morale dans l'antiquité,** précédé d'une Introduction par M. PRÉVOST-PARADOL (de l'Académie française).

SCHŒBEL. **Philosophie de la raison pure.**

BEAUQUIER. **Philosophie de la musique.**

TISSANDIER. **Du Spiritisme et des sciences occultes.**

J. MOLESCHOTT. **La Circulation de la Vie.** Lettres sur la physiologie en réponse aux Lettres sur la chimie de Liebig. 2 vol. ; traduit de l'allemand par M. le docteur Cazelles.

L. BUCHNER. **Science et Nature,** traduit de l'allemand par Aug. Delondre. 2 vol.

ATHAN. COQUEREL FILS. **Origines et transformations du christianisme.**
— **La Conscience et la Foi.**

JULES LEVALLOIS. **Déisme et Christianisme.**

CAMILLE SELDEN. **La Musique en Allemagne.** Étude sur Mendelssohn.

FONTANES. **Le Christianisme moderne.** Étude sur Lessing.

SAIGEY. **La Physique moderne,** étude sur l'unité des phénomènes naturels.

ÉDITIONS ÉTRANGÈRES.

ÉDITIONS ANGLAISES.

H. TAINE. **The Philosophy of art.** 1 vol. in-18 relié.   3 shill.

PAUL JANET. **The Materialism of the present day.** A critique of Dr Büchner's system, translated by prof. Gustav. Masson. 1 vol. in-18 relié.   3 shill

ÉDITIONS ALLEMANDES.

H. TAINE. **Philosophie der Kunst.** 1 vol. in-18.   1 thal.

PAUL JANET. **Der Materialismus unzerer Zeit in Deutschland,** unberzezt von Prof. Reichling-Meldegg, mit einem Vorwort von Dr von Fichte. 1 vol. in-18.   1 thal.

Chacun de ces ouvrages a été tiré au nombre de trente exemplaires sur papier évlin. Prix de chaque exemplaire.   10 fr.

BIBLIOTHÈQUE
D'HISTOIRE CONTEMPORAINE
FORMAT IN-18
Volumes à 3 fr. 50

—

CARLYLE. **Histoire de la Révolution française**, traduite de l'anglais par M. Élias Regnault.
Tome Ier : LA BASTILLE.
Tome II : LA CONSTITUTION.
Tome III et dernier : LA GUILLOTINE.
VICTOR MEUNIER. **Science et Démocratie.** 2 vol.
JULES BARNI. **Histoire des idées morales et politiques en France au XVIIIe siècle.** 2 vol.
    Tome Ier (Introduction. — L'abbé de Saint-Pierre. — Montesquieu.—Voltaire).
    Tome II (Jean-Jacques Rousseau.—Diderot.—D'Alembert).
AUGUSTE LAUGEL. **Les États-Unis pendant la guerre** (1861-1865). Souvenirs personnels. 1 vol.
DE ROCHAU. **Histoire de la Restauration**, traduite de l'allemand par M. Rosenwald. 1 vol.
EUG. VÉRON. **Histoire de la Prusse** depuis la mort de Frédéric II jusqu'à la bataille de Sadowa. 1 vol.
HILLEBRAND. **La Prusse contemporaine et ses institutions.** 1 vol.

FORMAT IN-8

SIR G. CORNEWALL LEWIS. **Histoire gouvernementale de l'Angleterre de 1770 jusqu'à 1830**, traduite de l'anglais et précédée de la Vie de l'auteur, par M. MERVOYER. 1 vol.   7 fr.
DE SYBEL. **Histoire de la Révolution française.** 3 vol. in-8, traduit de l'allemand (*sous presse*).

————

ÉDITIONS ÉTRANGÈRES.

AUGUSTE LAUGEL. **The United States during the war.** 1 beau vol. in-8 relié.   7 shill. 6 d.
H. TAINE. **Italy** (Naples et Rome). 1 beau vol. in-8 relié. 7 sh. 6 d.

OUVRAGES
De M. le professeur VÉRA
Professeur à l'Université de Naples.

INTRODUCTION
A LA
PHILOSOPHIE DE HÉGEL
1 vol. in-8, 1864, 2e édition.... 6 fr. 50

LOGIQUE DE HÉGEL
Traduite pour la première fois, et accompagnée d'une Introduction
et d'un commentaire perpétuel.

2 volumes in-8............. 12 fr.

PHILOSOPHIE DE LA NATURE
DE HÉGEL
Traduite pour la première fois, et accompagnée d'une Introduction
et d'un commentaire perpétuel.

3 volumes in-8. 1864-1866........ 25 fr.

Prix du tome II... 8 fr. 50.— Prix du tome III... 8 fr. 50

PHILOSOPHIE DE L'ESPRIT
DE HÉGEL
Traduite pour la première fois, et accompagnée d'une Introduction
et d'un commentaire perpétuel.

1867. Tome Ier, 1 vol. in-8. 9 fr.

L'Hégélianisme et la Philosophie. 1 vol. in-18. 1861. 3 fr. 50
Mélanges philosophiques. 1 vol. in-8. 1862.   5 fr.
Essais de philosophie hégélienne (de la *Bibliothèque de philosophie contemporaine*). 1 vol.   2 fr. 50
Problème de la certitude. 1 vol. in-8.   3 fr. 50
Platonis, Aristotelis et Hegelii, de medio termio doctrina. 1 vol. in-8. 1845.   1 fr 50

QUATRIÈME ANNÉE (1867)

REVUE DES COURS

Reproduisant, soit par la sténographie, soit au moyen d'analyses revisées par les professeurs, les principales leçons et conférences littéraires ou scientifiques faites à Paris, en province et à l'étranger.

Directeur : M. EUG. YUNG ; chef de la rédaction : M. ÉM. ALGLAVE.

LA REVUE DES COURS SE PUBLIE EN DEUX PARTIES SÉPARÉES.

REVUE DES COURS LITTÉRAIRES
DE LA FRANCE ET DE L'ÉTRANGER

Collége de France, Sorbonne, Faculté de droit, École des Chartes, École des beaux-arts, cours de la Bibliothèque impériale, Facultés des départements, Universités allemandes, anglaises, suisses, italiennes, Sociétés savantes, etc.

Soirées littéraires de Paris et de la province. — Conférences libres.

La *Revue des cours littéraires* a publié intégralement le cours de MM. Laboulaye, A. Maury, Beulé, et les leçons et conférences de MM. Franck, Havet, Ch. Lévêque, Paulin Pâris, de Loménie, Philarète Chasles, Patin, Janet, Caro, Egger, Berger, Saint-René Taillandier, Mézières, A. Geffroy, l'abbé Freppel, Taine, Heuzey, de Valroger, Valette, Jules Barni, Jules Simon, J. J. Weiss, Despois, Gladstone, Hervé, G. Guizot, Saint-Marc Girardin, etc.

REVUE DES COURS SCIENTIFIQUES
DE LA FRANCE ET DE L'ÉTRANGER

Collége de France, Sorbonne, Faculté de médecine, Muséum d'histoire naturelle, École de pharmacie, Facultés des départements, Académie des sciences, Universités étrangères.

Soirées scientifiques de la Sorbonne. — Conférences libres.

La *Revue des cours scientifiques* publie intégralement les cours de MM. Claude Bernard, Berthelot, Quatrefages, Lacaze-Duthiers, G. Ville, Vulpian, Robin, Becquerel, Coste, Blanchard, Gavarret, Boussingault, et des leçons ou conférences de MM. Milne Edwards, Boutan, Payen, Pasteur, Troost, Daremberg, Bertrand, Bouchardat, Jamin, Bouchut, Matteucci, Moleschott, Palmieri, Remak, de Luca, Virchow, Huxley, Tyndall, etc., etc.

Ces deux journaux paraissent le samedi de chaque semaine par livraisons de 32 à 40 colonnes in-4°.

Prix de chaque journal isolément.

	Six mois.	Un an.
Paris..................	8 fr.	15 fr.
Départements..........	10	18
Étranger..............	12	20

Prix des deux journaux réunis.

	Six mois.	Un an.
Paris.................	15 fr.	26 fr.
Départements..........	18	30
Étranger..............	20	35

L'abonnement part du 1er décembre et du 1er juin de chaque année.

La publication de ces deux journaux a commencé le 1er décembre 1863. Chaque année forme deux forts volumes in-4° de 800 pages.

LA
PHILOSOPHIE POSITIVE

Revue paraissant tous les deux mois par livraison de 10 feuilles

DIRIGÉE PAR

E. LITTRÉ et G. WYROUBOFF

—

PRIX DE L'ABONNEMENT :

PARIS.	DÉPARTEMENTS.	ÉTRANGER.
Six mois... 12 fr.	Six mois... 14 fr.	Six mois... 16 fr.
Un an..... 20	Un an..... 23	Un an..... 25

Prix de chaque numéro : 3 fr. 50. — Paraissant depuis
le 1er juillet 1867.

L'art et la vie. 1867, 1 vol. in-8. 3 fr. 50

ARTIGUES. **L'Armée, son hygiène morale, son recrutement.** 1867, 1 vol. in-8 de 400 pages. 6 fr.

BARNI (Jules). Voy. KANT.

BARTHEZ. **Nouveaux éléments de la science de l'homme,** par P. J. Barthez, médecin de S. M. Napoléon Ier. 3e édition, augmentée du Discours sur le génie d'Hippocrate, de plusieurs mémoires ; collationnée et revue par M. E. Barthez, médecin du Prince impérial et de l'hôpital Sainte-Eugénie, etc. 1858, 2 vol. in-8 de 1010 pages. 12 fr.

BEAUSSIRE. **La liberté dans l'ordre intellectuel et moral,** études de droit naturel. 1866, 1 fort vol. in-8. 7 fr.

BÉRAUD (B. J.) et Ch. ROBIN. **Manuel de physiologie de l'homme et des principaux vertébrés.** 1856-1857, 2 vol. grand in-18, 2e édition entièrement refondue. 12 fr.

BÉRAUD (B. J.). **Atlas complet d'anatomie chirurgicale** topographique, pouvant servir de complément à tous les ouvrages d'anatomie chirurgicale, composé de 109 planches représentant plus de 200 figures dessinées d'après nature, par M. Bion, et avec texte explicatif. 1865, 1 fort vol. in-4.

    Prix, figures noires, relié. 60 fr.
    — figures coloriées, relié. 120 fr.

CL. BERNARD. **Leçons sur les propriétés des tissus vivants,** faites à la Sorbonne, publiées par M. Émile Alglave. 1866, 1 vol. in-8 avec 92 figures. 8 fr.

BOUCHARDAT. **Le travail,** son influence sur la santé (conférences faites aux ouvriers). 1863, 1 vol. in-18. 2 fr. 50

BOUCHARDAT et H. JUNOD. **L'Eau-de-vie et ses dangers,** conférences populaires. 1 vol. in-8. 1 fr.

BOUCHUT et DESPRÉS. **Dictionnaire de thérapeutique médicale et chirurgicale,** comprenant le résumé de la médecine et de la chirurgie, les indications thérapeutiques de chaque maladie, la médecine opératoire, la matière médicale, les eaux minérales et un choix de formules thérapeutiques. 1866, 1 vol. gr. in-8 de 1600 pages à deux colonnes, avec 900 figures intercalées dans le texte. 23 fr.

BOURDET (Eug.). **Principe d'éducation positive.** 1863, 1 vol. in-18 de 358 pages. 3 fr. 50

BOURDET (Eug.). **De la morale dans la philosophie positive** et de l'autonomie de l'homme. 1865, 1 vol. grand in-8 de 260 pages. 3 fr.

BRIERRE DE BOISMONT. **Joseph Guislain,** sa vie et ses écrits. 1867. 1 vol. in-8. 5 fr.

BRIERRE DE BOISMONT. **Des maladies mentales.** 1867, brochure in-8 extraite de la *Pathologie médicale* du professeur Requin. 2 fr.

BRIERRE DE BOISMONT. **Des hallucinations, ou Histoire raisonnée des apparitions,** des visions, des songes, de l'extase, du magnétisme et du somnambulisme. 1862, 3e édition très-augmentée. 7 fr.

BRIERRE DE BOISMONT. **Du Suicide et de la folie suicide.** 1865, 2e édition, 1 vol. in-8. 7 fr.

CASPER. **Traité pratique de médecine légale,** rédigé d'après des observations personnelles, par Jean-Louis Casper, professeur de médecine légale de la Faculté de médecine de Berlin ; traduit de l'allemand sous les yeux de l'auteur. par M. Gustave Germer Baillière. 1862. 2 vol. in-8. 12 fr.
— Atlas colorié se vendant séparément. 15 fr.

CHAUFFARD. **De la spontanéité et de la spécificité dans les maladies.** 1 vol. in-18. 3 fr.

Conférences historiques de la Faculté de médecine faites pendant l'année 1865. (*Les Chirurgiens érudits,* par M. Verneuil. — *Gui de Chauliac,* par M. Follin. — *Celse,* par M. Broca. — *Wurtzius,* par M. Trélat. — *Rioland,* par M. Le Fort. — *Levret,* par M. Tarnier. — *Harvey,* par M. Béclard. — *Stahl,* par M. Lasègue. — *Jenner,* par M. Lorain. — *Jean de Vier et les Sorciers,* par M. Axenfeld. — *Laennec,* par M. Chauffard. — *Sylvius,* par M. Gubler. — *Stoll,* par M. Parrot.) 1 vol. in-8. 6 fr.

COQUEREL Fils (Athanase). **Pourquoi la France n'est-elle pas protestante?** Discours prononcé à Neuilly, le 1er novembre 1866. In-8. 1 fr.

COQUEREL Fils (Athanase). **La charité sans peur,** sermon en faveur des victimes des inondations, prêché à Paris le 18 novembre 1866. In-8. 75 cent.

Sir. G. CORNEWALL LEWIS. **Histoire gouvernementale de l'Angleterre.** Voy. page 3, *Bibliothèque d'histoire contemporaine.*

Sir G. CORNEWALL LEWIS. **Quelle est la meilleure forme de gouvernement?** Ouvrage traduit de l'anglais ; précédé d'une Étude sur la vie et les travaux de l'auteur, par M. Mervoyer, docteur ès lettres. 1867, 1 vol. in-8. 3 fr. 50

CUVIER. **Discours sur les révolutions de la surface du globe** et sur les changements qu'elles ont produits sur le règne animal. 1840, 8e édition, 1 vol. in-18, avec 7 figures. 2 fr. 50

DAMASCHINO. **Des différentes formes de la pneumonie aiguë des enfants.** 1867, 1 vol. in-8. 3 fr. 50

D'ARCHIAC. **Leçons sur la Faune quaternaire,** professées au Muséum d'histoire naturelle. 1865, 1 vol. in-8. 3 fr. 50

DE CANDOLLE. **Organographie végétale,** ou Description raisonnée des organes des plantes. 1844, 2 vol. in-8, avec 60 pl. représentant 422 figures. 12 fr.

DELEUZE. **Instruction pratique sur le magnétisme animal,** précédée d'une Notice sur la vie de l'auteur. 1853. 1 vol. in-12. 3 fr. 50

DU POTET. **Traité complet de magnétisme,** cours en douze leçons. 1856, 3e édition, 1 vol. de 634 pages. 7 fr.

DURAND (de Gros). **Essais de physiologie philosophique,** suivis d'une Étude sur la théorie de la méthode en général. 1866, 1 vol. in-8 de 620 pages. 8 fr.

ÉLIPHAS LÉVI. **Dogme et rituel de la haute magie.** 1861, 2e édit., 2 vol. in-8, avec 24 figures. 18 fr.

ÉLIPHAS LÉVI. **Histoire de la magie,** avec une exposition claire et précise de ses procédés, de ses rites et de ses mystères. 1860, 1 vol. in-8, avec 90 figures. 12 fr.

ÉLIPHAS LÉVI. **La science des esprits,** révélation du dogme secret des Kabbalistes, esprit occulte de l'Évangile, appréciation des doctrines et des phénomènes spirites. 1865, 1 vol. in-8. 7 fr.

FAU. **Anatomie des formes du corps humain,** à l'usage des peintres et des sculpteurs. 1866, 1 vol in-8 et atlas de 25 planches. 2e édition.

Prix, figures noires. 20 fr.

Prix, figures coloriées. 35 fr.

FERRON (de). **Théorie du progrès** (Histoire de l'idée du progrès. — Vico. — Herder. — Turgot. — Condorcet. — Saint-Simon. — Réfutation du césarisme). 1867, 1 vol. in-18. 7 fr.

FOSSATI. **Manuel pratique de phrénologie,** ou Physiologie du cerveau, d'après les doctrines de Gall, Spurzheim, etc. 1845, 1 vol. gr. in-18, avec 145 figures. 6 fr.

GAILLARD. **Lettres d'un médecin de campagne sur le matérialisme contemporain.** 1867, in-8. 1 fr. 50

GATIEN-ARNOULD. **Le bien, les devoirs et les droits,** cours de déontologie fait à la Faculté des lettres de Toulouse. 1re partie, 1867, in-8. 2 fr.

GATIEN-ARNOULD. **Victor Cousin.** L'école éclectique et de l'avenir de la philosophie française. 1867, in-8. 1 fr. 50

GAVARRET. **Des images par réflexion et par réfraction.** 1867, 1 vol. in-18 de 190 pages avec 80 figures dans le texte. 3 fr. 50

GIRAUD-TEULON. **De l'œil,** notions élémentaires sur la fonction de la vue et de ses anomalies. 1867, 1 vol. in-18 avec figures. 2 fr.

HÉGEL. Voy. page 4.

HÉRARD et CORNIL. **De la phthisie pulmonaire,** étude anatomo-pathologique et clinique. 1867, 1 vol. in-8, avec figures dans le texte et planches coloriées. 10 fr.

HUMBOLDT (G. de). **Essai sur les limites de l'action de l'État,** traduit de l'allemand, et précédé d'une Étude sur la vie et les travaux de l'auteur, par M. Chrétien, docteur en droit. 1867, in-18. 3 fr. 50

JAMAIN. **Manuel d'anatomie descriptive** et de préparations anatomiques. 1867, 3e édition très-augmentée, avec 223 figures intercalées dans le texte. 12 fr.

KANT. **Éléments métaphysiques de la doctrine du droit,** suivis d'un Essai philosophique sur la paix perpétuelle, traduits de l'allemand par M. Jules BARNI. 1854, 1 vol. in-8. 8 fr.

KANT. **Éléments métaphysiques de la doctrine de la vertu,** suivi d'un Traité de pédagogie, etc., traduit de l'allemand par M. Jules BARNI, avec une Introduction analytique. 1855 1 vol. in-8. 8 fr

LAFONTAINE. **Mémoires d'un magnétiseur.** 1866, 2 vol. in-8. 7 fr.
Avec le portrait de l'auteur. 8 fr.

LANGLOIS. **L'homme et la Révolution.** Huit études dédiées à P. J. Proudhon. 1867. 2 vol. in-18. 7 fr.

LEYDIG. **Traité d'histologie comparée de l'homme et des animaux,** traduit de l'allemand par M. le docteur Lahillonne. 1 fort vol. in-8 avec 200 figures dans le texte. 1866. 15 fr,

LIEBIG. **Le développement des idées dans les sciences naturelles**, études philosophiques. In-8. 1 fr. 25

LITTRÉ. **Auguste Comte et Stuart Mill**, suivi de *Stuart Mill et la philosophie positive*, par M. G. Wyrouboff. 1867, in-8 de 86 pages. 2 fr.

LONGET. **Mouvement circulaire de la matière dans les trois règnes**, tableaux de physiologie, avec fig. coloriées. 1866. 7 fr.

LUBBOCK. **L'Homme avant l'histoire**, étudié d'après les monuments et les costumes retrouvés dans les différents pays de l'Europe, suivi d'une Description comparée des mœurs des sauvages modernes, traduit de l'anglais par M. Ed. BARBIER, avec 156 figures intercalées dans le texte. 1867, 1 beau vol. in-8°, prix, broché. . . . . 15 fr.
Relié en demi-maroquin avec nerfs . . . . 18 fr.

MARTIN-PASCHOUD. **Le Disciple de Jésus-Christ**. Revue du christianisme libéral, publiée sous la direction de J. MARTIN-PASCHOUD (29e année, 1867). Paraît le 1er et le 15 de chaque mois.
— Les abonnements partent du 1er janvier ou du 1er juillet.
Paris et départements. Six mois, 6 fr. Un an, 10 fr.
Étranger . . . . — 7 fr. — 12 fr.

La médecine à l'Exposition universelle de 1867. Guide-catalogue contenant la description des instruments de physique et de chirurgie, les plans d'hôpitaux modèles et d'asiles d'aliénés, et le détail de tous les objets exposés par la Société internationale des secours aux blessés militaires des armées de terre et de mer. *Ouvrage publié par la Société médicale allemande de Paris.* 1 vol. in-18. 1 fr. 50

MENIÈRE. **Études médicales sur les poëtes latins.** 1858, 1 vol. in-8. 6 fr.

MENIÈRE. **Cicéron médecin**, étude médico-littéraire. 1862, 1 vol. in-18. 4 fr. 50

MENIÈRE. **Les Consultations de madame de Sévigné**, étude médico-littéraire. 1864, 1 vol. in-8. 3 fr.

MERVOYER. **Étude sur l'association des idées.** 1864, 1 vol. in-8. 6 fr.

MEUNIER (Victor). **La Science et les Savants.**
1re année, 1864, 1 vol. in-18. 3 fr. 50
2e année, 1865, 1er semestre, 1 vol. in-18. 3 fr. 50
2e année, 1865, 2e semestre, 1 vol. in-18. 3 fr. 50
3e année, 1866. 1 vol. in-18. 3 fr. 50

MILSAND. **Le Code et la liberté.** Liberté du mariage, liberté des testaments. 1865, in-8. 2 fr.

MIRON. **De la séparation du temporel et du spirituel.** 1866, in-8. 3 fr. 50

MORIN. **Du magnétisme et des sciences occultes.** 1860, 1 vol. in-8. 2 fr.

MUNARET. **Le Médecin des villes et des campagnes.** 4e édition, 1862, 1 vol. grand in-18.   4 fr. 50

NIEMEYER. **Éléments de pathologie interne et de thérapeutique,** traduits de l'allemand par MM. Culmann et Sengel (de Forbach), annotés par M. Cornil, et précédés d'une introduction par M. le docteur Béhier. 1865-1866, 2 vol. grand in-8.   20 fr.

Notions d'anatomie et de physiologie générales.

TAULE. *Notions sur la nature et les propriétés de la matière organisée.* 1866.   3 fr. 50

ONIMUS. *Dé la théorie dynamique de la chaleur dans les sciences biologiques.* 1866.   3 fr.

CLÉMENCEAU. *De la génération des éléments anatomiques,* précédé d'une introduction par M. le prof. Robin. 1867, 1 vol. in-8. 5 fr.

ODIER et R. BLACHE. **Quelques considérations sur les causes de la mortalité des nouveau-nés** et sur les moyens d'y remédier. 1867, in-8.   1 fr. 50

POUGNET. **Hiérarchie et Décentralisation.** 1866, 1 vol. gr. in-8 de 160 pages.   3 fr.

PRESSENSÉ (E. de). **Jésus-Christ, son temps, sa vie, son œuvre.** 1866. 3e édition, 1 vol. in-8.   7 fr. 50
Édition in-18 . . . . 2 fr.

Revue des Sociétés savantes, publiée sous les auspices du ministre de l'instruction publique (partie scientifique), paraissant tous les mois par cahier de 4 à 5 feuilles. Prix de l'abonnement annuel.   9 fr.

ROBIN. **Journal de l'anatomie et de la physiologie** normales et pathologiques de l'homme et des animaux, dirigé par M. le professeur Ch. Robin (de l'Institut), paraissant tous les deux mois par livraison de 7 feuilles grand in-8, avec planches.
Prix de l'abonnement, pour la France.   20 fr.
   —   pour l'étranger.   24 fr.

SIÈREBOIS. **Autopsie de l'âme,** sa nature, ses modes, sa personnalité, sa durée. 1866, 1 vol. in-18.   2 fr. 50

SIÈREBOIS. **La Morale** fouillée dans ses fondements. Essai d'anthropodicée. 1867, 1 vol. in-8.   6 fr.

THÉVENIN. **Hygiène publique,** analyse du rapport général des travaux du conseil de salubrité de la Seine, de 1849 à 1858. 1863, 1 vol in-18.   2 fr. 50

THULIÉ. **La folie et la loi.** 1867, 2e édit., 1 vol. in-8. 3 fr. 50

VIRCHOW. **Pathologie des tumeurs,** cours professés à l'université de Berlin, traduit de l'allemand par le docteur Aronssohn. 1867, t. I, 1 vol. grand in-8, avec 106 figures intercalées dans le texte.   12 fr.

VIRCHOW. **Des trichines, à l'usage des médecins et des gens du monde,** traduit de l'allemand avec l'autorisation de l'auteur, par E. Onimus, élève des hôpitaux de Paris. 1864, in-8 de 55 pages et planche coloriée.   2 fr.

VULPIAN. **Leçons de physiologie générale et comparée du système nerveux,** faites au Muséum d'histoire naturelle, recueillies et rédigées par M. Ernest Brémond. 1 fort vol. in-8. Prix. 10 fr.

WOILLEZ (Madame). **Les médecins moralistes,** code philosophique et religieux extrait des écrits des médecins anciens et modernes, etc. 1862, in-8. 6 fr.

ZAALBERG. **La religion de Jésus** et la tendance moderne, traduit du hollandais, avec un avant-propos par M A. Reuille. 1866, t. I, 1 vol. in-18. 3 fr. 50

ZIMMERMANN. **De la solitude,** des causes qui en font naître le goût, de ses inconvénients, de ses avantages et de son influence sur les passions, l'imagination, l'esprit et le cœur ; traduit de l'allemand par M. Jourdan. Nouvelle édition. 1840, in-8. 3 fr. 50

Pour paraître le 1ᵉʳ septembre :

LES MÉTAMORPHOSES

LES MŒURS ET LES INSTINCTS

DES INSECTES

PAR

ÉMILE BLANCHARD

Membre de l'Institut, professeur au Muséum d'histoire naturelle.

Un magnifique volume grand in-8, avec 200 fig., dessinées d'après nature, intercalées dans le texte, et 40 planches hors texte.

La compétence universellement reconnue de l'auteur et consacrée par tant de travaux importants donne à cet ouvrage un cachet d'exactitude scientifique qui lui assure une place dans la bibliothèque de tous les savants.

Mais il a été rédigé en même temps de manière à être accessible aux gens du monde et à leur dévoiler les détails si intéressants et si curieux découverts par la science moderne sur la vie et les transformations pleines d'étrangeté de la classe des animaux la plus nombreuse dans la nature. C'est l'histoire d'un monde à part se renouvelant sans cesse autour de nous, dans lequel on trouve aussi une vie publique et privée, des luttes, des passions, des révolutions, qui se mêle à notre existence à tout instant, et dont le travail lent, mais continu, produit des résultats prodigieux.

Paris — Imprimerie de E. MARTINET, rue Mignon, 2.

BIBLIOTHÈQUE DE PHILOSOPHIE CONTEMPORAINE.

H. Taine.

Le Positivisme anglais, étude sur Stuart Mill.
1 vol.
L'Idéalisme anglais, étude sur Carlyle. 1 vol.
Philosophie de l'art. 1 vol.
Philosophie de l'art en Italie. 1 vol.
De l'Idéal dans l'art. 1 vol.

Paul Janet.

Le Matérialisme contemporain. Examen du
système du docteur Büchner. 1 vol.
La Crise philosophique : MM. Taine, Renan,
Vacherot, Littré. 1 vol.
Le Cerveau et la Pensée. 1 vol.

Odysse Barot.

Lettres sur la philosophie de l'histoire. 1 vol.

Alaux.

La Philosophie de M. Cousin. 1 vol.

Ad. Franck.

Philosophie du droit pénal. 1 vol.
Philosophie du droit ecclésiastique. 1 vol.
Philosophie mystique au XVIIIe siècle : Saint-
Martin et don Pasqualis. 1 vol.

E. Saisset.

L'Âme et la vie, suivi d'une étude sur l'esthétique française. 1 vol.
Critique et histoire de la philosophie (fragments et discours). 1 vol.

Charles Lévêque.

Le Spiritualisme dans l'art. 1 vol.
La Science de l'invisible, études de psychologie
et de théodicée. 1 vol.

Auguste Laugel.

Les Problèmes de la nature. 1 vol.
Les Problèmes de la vie. 1 vol.
Problèmes de l'âme. 1 vol.
La Voix, l'Oreille et la Musique. 1 vol.

Challemel-Lacour.

La Philosophie individualiste, étude sur Guillaume de Humboldt. 1 vol.

Charles de Rémusat.

Philosophie religieuse. 1 vol.

Albert Lemoine.

Le Vitalisme et l'Animisme de Stahl. 1 vol.
De la Physionomie et de la parole. 1 vol.

Milsand.

L'Esthétique anglaise, étude sur John Ruskin.
1 vol.

A. Véra.

Essai de philosophie hégélienne. 1 vol.

Beaussire.

Antécédents de l'hégélianisme dans la philosophie française. 1 vol.

Bost.

Le Protestantisme libéral. 1 vol.

Francisque Bouillier.

Du Plaisir et de la Douleur. 1 vol.

Ed. Auber.

Philosophie de la médecine. 1 vol.

Leblais.

Matérialisme et spiritualisme, précédé d'une
Préface par M. E. Littré (de l'Institut). 1 vol.

Ad. Garnier.

De la morale dans l'antiquité, précédé d'une
introduction par M. Prévost-Paradol (de
l'Académie française). 1 vol.

Schœbel.

Philosophie de la raison pure. 1 vol.

Beauquier.

Philosophie de la musique. 1 vol.

Tissandier.

Des Sciences occultes et du spiritisme. 1 vol.

J. Moleschott.

La Circulation de la vie. Lettres sur la physiologie, en réponse aux Lettres sur la chimie de Liebig. Traduction par M. le docteur
Cazelles. 2 vol.

L. Büchner.

Science et Nature. Essais de philosophie et de
science naturelle : traduit par M. A. Delondre. 2 vol.

Ath. Coquerel fils.

Des premières transformations du christianisme. 1 vol.
La Conscience et la Foi. 1 vol.

Jules Levallois.

Déisme et Christianisme. 1 vol.

Camille Selden.

La Musique en Allemagne, étude sur Mendelssohn. 1 vol.

Fontanès.

Le Christianisme moderne, étude sur Lessing.
1 vol.

Saigey.

La Physique moderne. 1 vol.

Mariano.

La Philosophie contemporaine en Italie. 1 vol.

E. Faivre.

De la variabilité de l'espèce. 1 vol.